管理自己,成就人生;管理组织,开创未来。

# 德鲁克的管理思维
## DRUCKER'S MANAGEMENT THINKING

赵春林◎编著

群言出版社
QUNYAN PRESS
·北京·

图书在版编目（CIP）数据

德鲁克的管理思维 / 赵春林编著 . — 北京：群言出版社，2016.9
ISBN 978-7-80256-776-4

Ⅰ.①德… Ⅱ.①赵… Ⅲ.①德鲁克（Drucker, Peter Ferdinand 1909-2005)—管理学—通俗读物 Ⅳ.①C93-49

中国版本图书馆 CIP 数据核字（2016）第 315310 号

责任编辑：李　青
封面设计：国风设计

出版发行：群言出版社
地　　址：北京市东城区东厂胡同北巷 1 号（100006）
网　　址：www.qypublish.com（官网书城）
电子信箱：qunyancbs@126.com
联系电话：010-65267783　65263836
经　　销：全国新华书店

印　　刷：香河县宏润印刷有限公司
版　　次：2018 年 8 月第 1 版　2018 年 8 月第 1 次印刷
开　　本：710mm×1000mm　1/16
印　　张：15
字　　数：120 千字
书　　号：ISBN 978-7-80256-776-4
定　　价：39.80 元

【版权所有，侵权必究】
如有印装质量问题，请与本社发行部联系调换，电话：010-65263836

# 前 言

作为"现代管理之父",德鲁克的思想几乎涉及了管理学的方方面面,现在我们熟知的许多管理理论的概念都是他首先提出来的,如营销、目标管理和知识工作者等。菲利浦·科特勒说:"如果人们说我是营销管理之父,那么德鲁克就是营销管理的祖父。"

彼得·德鲁克(Peter F. Drucker)1909年11月19日生于维也纳,1937年移居美国,终身以教书、著书和咨询为业。彼得·德鲁克在管理界是受人尊敬的思想大师,他的著作影响了数代追求创新以及最佳管理实践的学者和企业家们,各类商业管理课程如EMBA、MBA及CEO必读12篇等也都深受彼得·德鲁克思想的影响。

德鲁克文风清晰练达,对许多问题提出了自己的精辟见解。他一生共著书39本,在《哈佛商业评论》发表文章30余篇,被誉为"现代管理学之父"。德鲁克的重要著作包括:《管理的实践》《公司的概念》《成果管理》《卓有成效的管理者》《旁观者》《创新与企业家精神》等。

为纪念其在管理领域的杰出贡献,克莱蒙特大学的管理研究生院以他的名字命名;为表彰他为非营利领域所带来的巨大影响,国际慈善机构"救世军"授予德鲁克救世军最高奖项"伊万婕琳·布斯奖"。2002年6月20日,德鲁克获得当年的"总统自由勋章",这是美国公民所能获得的最高荣誉。20世纪80年代,德鲁克思想被引入中国。2004年,德鲁克管理学全面进入中国的管理教育。

2005年11月11日,德鲁克在加州克莱蒙特的家中溘然长逝,享年96岁。

本书分"管理篇""个人篇"和"社会篇"三部分展开。这种分类,跟德鲁克60多年来所关注的领域和写作的话题相对应。

在"管理篇"中,德鲁克首先从管理的内涵入手,在对管理的维度、企业的宗旨和使命进行实证分析的基础上,论述了非营利组织给企业可能带来的影响及存在的社会问题、管理的新范式、管理人员需要获得的信息、目标管理与自我控制、选拔人才的原则等问题。同时,针对未来社会的发展趋势,提出了"企业家企业"和"新企业"等概念,指出了关注市场、建立高层管理团队、企业家战略的必要性。

在"个人篇",德鲁克所关注问题的视角转向了管理者和知识工作者个人,指出卓有成效是务必学会的,有效的管理者一定要把注意力放在"贡献"上,知识工作者不仅要了解自身的优势和价值观,而且要学会"掌握自己的时间",做"有效的决策","发挥沟通的作用",做一个具备领导力的"领导",且精辟地指出领导其实是一项工作,并把握"创新的原则"。同时,为了应对"21世纪的管理挑战",管理者也要学会"管理未来"。德鲁克预言,在当今社会向知识社会转变的过程中,最大的变化将是知识领域的变化,包括知识的形式、内容、含义、责任以及关于做一个知识型人才内涵的变化。

在"社会篇",德鲁克指出,知识工作者的出现,将会引领21世纪出现一场不同于以往社会的变革,当福利国家时代成为往事之后,"企业家社会"可能就会到来。

《德鲁克的管理思维》融社会学、历史学、哲学和经济学等领域的知识为一体,把微观管理学置于宏观世界之中,对管理问题进行根本性的思考。为有志提高管理水平的各界人士,提供有益的探索和指导。

# 目 录

## 管理篇

**第1章 管理是装满技巧与智谋的锦囊 / 3**
　　管理的起源与发展 / 3
　　管理者的责任 / 6
　　管理的基本原则 / 8
　　管理是组织机构的重要器官 / 11

**第2章 用管理取代专制 / 13**
　　改变专制的管理方式 / 13
　　用正确的方法做正确的事 / 18
　　绩效第一 / 23
　　树立"高级管理者"风范 / 27

**第3章 目标管理，让组织朝一致的方向奋斗 / 31**
　　非营利组织是真正的先驱者 / 31
　　运用目标管理的优势 / 32
　　好的目标关键在于执行 / 36

**第4章 企业家企业 / 43**
　　不要误闯管理雷区 / 43

实践，是管理者获得自由的前提 / 45
管理者怎样避免选择性懒惰 / 49

## 第 5 章　掌握人才选拔的原则 / 53
人事决策是最根本的管理 / 53
人事决策的步骤 / 56
人才战略，让平凡的公司不平凡 / 62

## 第 6 章　有效的决策 / 65
德鲁克论述决策和决策者 / 65
管理者怎样进行科学决策 / 66
决策妙招：定量决策 / 71

# 个人篇

## 第 7 章　要学会卓有成效 / 79
管理者应加强气质修养 / 79
聚集自己的管理智慧 / 83
掌握效率工具 / 84

## 第 8 章　了解自身的优势和价值观 / 93
自我表现要恰如其分 / 93
居功自傲终是祸 / 96
冷面掌权，铁腕立威 / 99

## 第 9 章　发挥沟通作用 / 103
善于沟通并了解他人 / 103

自上而下的沟通和自下而上的沟通 / 106
没有沟通，就没有管理 / 109
重视别人的意见 / 113

## 第 10 章　管理要注重时效 / 121
只做需要做的事 / 121
其他人都在做的事，千万别做 126
做一个猴子专家 / 128
把握事情的轻重 / 131
降低你的工作量 / 132
凡事必有先后顺序 / 133
向政治家学习 / 134
制定优先顺序 / 136

## 第 11 章　信任的力量 / 141
简单管理的灵魂——信任 / 141
好说不好授的权力 / 146
容许犯错 / 151

# 社会篇

## 第 12 章　企业是社会的细胞 / 159
企业与社会群体的关系 / 159
贡献是管理有效的关键 / 162
管理的使命是"领导"社会人 / 164

## 第13章　管理应承担社会责任 / 171
企业应该承担社会责任吗 / 171
社会维度关系企业生死存亡 / 173

## 第14章　企业家的自我管理 / 181
发现并拓展你的优势 / 181
提高你的工作绩效 / 188
给自己进行职业定位 / 191

## 第15章　企业的战略规划管理 / 197
未雨绸缪，为明天做准备 / 197
战略规划要有忧患意识 / 201
优秀管理者的"心声" / 205

## 第16章　企业通过社会获取资源 / 209
技术和最终用户是给定的 / 209
由法律界定管理的范围 / 214
由政治决定管理的范围 / 218

**后记：德鲁克管理思维给我们的启示 / 221**

# 管理篇

# 第1章　管理是装满技巧与智谋的锦囊

> 德鲁克说：管理到底是什么呢？它是装满技巧与智谋的锦囊，还是装有商学院讲授的那些分析工具的宝袋？可以肯定的是，上述工具的重要性就如同温度计与解剖学对于内科医生那样重要。但是，管理的历史与发展演变——包括其成功的方面与存在的问题——告诉我们，管理最初只建立在为数不多的几条基本原则之上。

## 管理的起源与发展

在人类历史发展的长河中，管理出现的速度较快，其影响范围也是非常广泛的。在多年的发展实践中，管理已经改变了世界上发达国家的社会与经济的组织形式。管理创造了全球性的经济模式，并为世界上各个国家平等参与这种经济模式制定了新规则。同时，管理自身也在不断发生着变化，而管理者中却很少有人意识到管理所具有的巨大影响力。

其实，就像莫里哀的《贵人迷》剧中的主人公茹尔丹先生一样，很多人尚未发现自己已经拥有了高雅的谈吐，管理者也没有觉察到自己正在从事或违背管理，因此会在面临巨大挑战时感觉到自己无能为力。管理者所面临的真正重要的问题是由成功的管理本身所造成的，而并非来自技术与政治，这些问题并非产生于管理与企业之外。

由此可以确定，管理的主要任务还是没有变化，仍然是：使人们能为了共同的目标、朝着共同的价值观，在适当的组织内，通过培训和开发共同开展工作，以及对外界变化做出相应的反应。但是，这一任务的含义本身却发生了变化，因为管理的运转已将劳动力的构成由非技术工人转变为受过高等教育的知识工作者。

第一次世界大战前夕，少数人开始意识到管理的存在。但是，就是在最先进的国家，也基本上没有人与管理打过交道。美国人口统计局提到的"管理与专业人员"已经成为劳动力大军中最为庞大的一个团体，占劳动力总数的1/3还要多，管理也成为促成这一转变的主要因素。在人类历史上，管理首次解释了为什么我们能够在生产领域中雇用大量知识工作者与技术人员，这使得生产效率有了很大的提高，而以往任何时候都无法做到这一点。事实的确如此，以往的社会无法容纳如此众多的人员。即使在不久以前，仍然没有人知道怎样把拥有不同知识与不同技术的人集合在一起，以实现共同的目标。

在18世纪，中国是西方知识分子向往的地方，因为中国为受过教育的人提供的工作机会超过了西方国家——每年约有2万个就业机会。而如今，美国的人口与那时中国人口的数量相差无几，美国每年有100万大学生毕业，大部分人都能找到福利待遇较好的工作，这正是管理给他们提供了这些有利的工作机会。

高等知识总是会趋向于被专业化。知识本身并不能够产生什么东西，但是，一个现代化的大型企业却可以雇用上万个具有高等知识的人，他们具备多个不同知识领域的技术。各个领域的工程师、设计师、市场专家、经济学家、统计学家、心理学家、计划人员、会计师、人力资源管理者，都在这个大型企业中上班。如果不是身处一个处于管理中的企业，那么这些知识型人才自身的效用也不可能得到发挥。

究竟是把知识应用于生产领域的管理先出现，还是过去100年中的知识爆炸先出现？无论答案是什么，这个问题都毫无意义。如果没有发达社会赖以生存的知识基础，那么，无论是现代管理，还是现代企业都无法生存。同样，正是管理，事实上也只有管理，才可以使知识分子发挥他们自身的效用。由于管理的出现，才使得知识从社会的装饰物与奢侈品转变为一切经济实体的真正资本。

大型企业刚刚出现之时，能预测到这种发展趋势的企业领导人并不多见。其原因不在于他们缺乏远见，而在于缺少经验。当时，军队属于那种庞大而永久的组织。因此，对那些建设洲际铁路、钢铁工厂、现代银行和百货公司的人来说，军队的"命令—控制"结构就是一种模式，这也就不足为奇。在这种模式中，处于最高层的少数人发号施令，位于下层的大多数人依照命令行事。这种模式一直延续了近百年。然而，在这漫长的时间里，它并非一成不变。恰恰相反，在各种各样的专业知识注入企业之后，它立即发生了巨大的变化。

1867年，被德国的西门子公司雇用的弗里德里克·冯是第一个受过大学教育的制造业工程师，他用将近五年的时间建立了一个研究部门。此后又创建了其他专业部门。到第一次世界大战爆发时，制造商公认的职能已经确立：研究与设计、制造、营销、金融与财会，此后又出现了人力资源（或人事）开发。

在当时，这种管理导向的出现及其发展对企业和对整个世界经济的影响更大。在过去 40 年的时间里，培训推动了整个世界经济的变革，因为它使那些低收入的国家做到了传统经济理论认为不可能发生的事：几乎在一夜之间成为高效率的竞争者——但工资仍然保持在较低的水平上。

## 管理者的责任

管理责任是指企事业在管理水平、管理素质、管理效果等方面，对赋予其管理权的国家和有关方面应承担的义务。管理性质和目的决定了管理责任有极其广泛的内容，可以说，一切会影响经济效益的管理活动都属管理责任范畴。管理必须为自身的业绩承担责任，不仅仅在商业企业中必须做到这一点，在其他组织中也是如此。但是，如何确定其业绩，如何衡量其业绩，如何实施衡量标准，管理应对谁负责？能否回答这些问题本身也是经理们面临的一个难题。他们尚未正视这样一个事实，即管理象征着权力——而权力本身意味着负有责任，意味着需要合法性。他们没有认识到这一点，即管理具有举足轻重的地位。

说到底，管理者有两大职责：对事务的管理（以下简称"管事"），对人的管理（以下简称"理人"）。职场中我们发现，几乎所有的管理者都是"管事"的专家，都是处理具体工作的高手，但有相当一部分管理者只顾埋头做事，却忽视了"理人"的责任。

什么是管理？管理学中对"管理"下的定义是："带领一群人去完成既定任务的过程就叫作管理。"可见，管理具有两层含义："管事"和"理人"。管理强调的是如何带兵打仗，而不是管理者自己如何冲锋陷阵。管理者自己会做事不是最重要的，最重要的是要培养每位下属都会做事。

"理人"主要是说管理者在工作过程中,要对下属实施有效的培训、训练、指导、激励、约束、监督、考核等管理,引导下属保持正确的观念和心态,不断指导下属提高知识、经验、岗位技能和职业化素养,最终帮助下属实现"持续改善工作绩效"的管理终极目的。

除此之外,"理人"还包括团队氛围营造、团队文化建设,以及跨部门沟通、协作等工作内容。

如果说"管事"是看一个人的智商,那么"理人"则是考验管理者的情商了。首先,管理者应具备较高的成熟度,对人、事、问题要有客观、理性、深刻的认识和理解;其次,管理者应善于做人的工作,能够建立和维护人际关系,擅长与人沟通、交流和合作;最后,知人者智,知己者明。管理者应善于自我管理,能够经常自我反思,清楚自己有哪些优点、长处,更知道自己的问题、不足甚至缺陷在哪里,随时了解自己当前的情绪、心理等状态,并有意识地提醒自己,时时加以调节。

优秀的管理者除了要具备"理人"的各项素质之外,还应具备以下各项管理技能。

1. 培训能力:讲课、制作PPT课件等的能力;

2. 编写自己与下属《工作职责说明书》的能力;

3. 设计下属考核方案的能力;

4. 与下属开展绩效面谈的能力;

5. 组织、主持各种会议的能力;

6. 计划、总结的能力;

7. 下属及部门绩效管理的能力;

8. 培训下属的能力；

9. 做下属思想工作的能力；

10. 善于聆听的能力；

11. 以身作则的自我管理能力；

12. 让别人尊敬、信服、主动追随的人格魅力。

成为一名"管事"高手和"理人"专家型的优秀管理者，是不容易的，不是有了公司的任命文件就能自动获得的，需要我们不断地自我反思，踏踏实实地刻苦学习，持之以恒地自我修炼；要成为一名优秀的领导者，则更加不容易，需要我们学习、感悟的就更多。

## 管理的基本原则

管理到底是什么呢？它是装满技巧与智谋的锦囊，还是装有商学院讲授的那些分析工具的宝袋？可以肯定的是，上述工具的重要性就如同温度计与解剖学对于内科医生那样重要。但是，管理的历史与发展演变——包括其成功的方面与存在的问题——告诉我们，管理最初只建立在为数不多的几条基本原则之上，具体来说就是：

1. 管理是关于人类的管理。其任务是使人与人之间能够扬长避短和协调工作，发挥最大的团队智慧。这就是组织的全部含义，也是管理能成为一个关键和决定性因素的主要原因。实际上，现在我们每一个人都受雇于或大或小的商业或非商业的机构，在这些机构中都必不可少地存在着管理。可以说，我们的生计依赖于管理，我们为社会做贡献能力的大小既取决于我们自己的技术、奉献与努力，也依赖于我们所在工作单位的管理水平。

2. 因为管理涉及人们在共同事业中的整合问题，所以它是被深深地植根于文化之中的。管理者所做的工作内容在联邦德国、英国、美国、日本或巴西都是完全一样的,但是他们的工作方式却千差万别。因此,发展中国家的管理者所面临的一个基本挑战就是,如何发现和确定本国的传统、历史与文化中哪些内容可以用来构建管理,确定管理的方式。日本经济的成功与印度经济的相对落后之间的差别就在于:日本的管理者成功地把国外的管理观念植入本国的文化土壤之中,并使之茁壮成长,而印度却没有做到这一点。

3. 德鲁克认为,目标管理是企业提高绩效的重要手段,企业必须建立完整的目标体系。企业必须有总目标,各个部门及各个员工都应该有自己的分目标,而且分目标从属于总目标,分目标是实现总目标的基础。

4. 管理必须根据需要与机会的变化而变化,以此促使企业及其成员能够得到更好的发展。每个企业都是一个学习与进行教育的机构组织,培训与发展必须落实到所有管理层次之中去——培训与发展都是没有止境的。

5. 每个企业内部都拥有具备不同知识与技术、从事不同工作的员工。企业必须建立在交流与个人责任之上。每个人都需要仔细地考虑他们的目标是什么,并且要保证让那些与自己有关的人明白和了解这个目标;所有人都需要仔细地考虑他们要为别人做些什么,并使别人理解这一点;所有人都需要仔细地考虑别人能够为自己做什么,并且还要使别人知道这一期望。

6. 无论是产品的数量还是净收益或净损失本身,都不足以衡量管理与企业的工作业绩。企业在市场上的地位、创新、生产率、人才开发、质量和财务状况等对一个组织的业绩与生存都是至关重要的。非营利组织也需要一些与其任务息息相关的衡量标准,正如评估一个人的健康与行为需要多种标准一样,评估一个组织的状况与业绩也并非只用唯一的标准就能做到。业绩应被纳入企业与管理之中,必须能够被有效衡量——至少要能够加以评估——并且要得到不断的改进。

7. 对所有企业来说,我们都应该记住的最重要的一点就是:结果只存在于企业的外部。商业经营的目标是让顾客满意;医院的目标是治愈病人;学校的目标是使学生学到一些在10年后参与的工作中能使用的知识。而在企业的内部,只有成本。

只有理解这些原则与功能,才能成为一个不断进步与不断成长的优秀的管理者。

管理是涉及行动与应用的学科,评价管理的标准应该是成效,这使管理成为一种艺术。然而,管理还涉及人和人的价值观、成长与发展,这又使它成为一种人文科学。所以,它确确实实关注并影响着社会和社区的结构。正如每一个长期与不同类型组织的管理者打交道的人所知道的那样,管理与精神上的关心有着密切的关系,如人的本性、善与恶。

因此,管理就是传统意义上的人文艺术——它之所以被称为"人文",是因为它涉及知识、自我认知、智慧与领导艺术等基本要素;它之所以被称为"艺术",是因为它是一种实践与应用。管理者从人文科学和社会科学(心理学和哲学、经济学和历史学、自然科学和伦理学)中汲取所需要的知识与见识。但是,他们必须把这些知识集中到效益与结果上——医院要把注意力放在如何治愈一个病人上,学校要集中在如何培养一名优秀的学生上,桥梁建造公司集中在怎样建造一座坚固的桥梁，计算机公司要注重设计并出售"用户满意"的软件。

基于上述种种原因，管理会慢慢发展成为一门学科和一种实践；通过这一学科和实践，管理作为"人文科学"将凭借其影响力和实用性再次获得人们的认可。

## 管理是组织机构的重要器官

社会的重要器官包括一些商业企业以及公共服务机构。它们并不是仅仅为了自身的目的而存在，而是为了实现某些特殊的社会功能，并旨在满足社会、社区或个人的某种特别需要而存在。就其自身而言，它们本身并不是目的，而是手段。关于商业企业和其他公共服务机构提出的正确问题不应该是："它们是什么？"而应该是："它们应该做些什么，它们的任务是什么？"

与此同时，管理也是组织机构的重要器官。

那么，我们的问题是："管理是什么？"首先，我们必须通过管理任务或者在管理任务中来界定管理是什么。

为了能够正常运转组织机构，并做出应有的贡献，管理必须完成三项极为不同，但是同等重要的任务：

1. 设定组织机构的特定目标和使命（无论它是商业企业，还是医院或大学）；
2. 确保工作富有生产力，并且使员工有所成就、产生效益；
3. 明确管理组织机构产生的社会影响和应承担的社会责任。

任何一个组织机构都是为了某种特殊目的、使命和社会职能而存在的。对商业企业而言，这些目的与使命就意味着产生经济绩效。

在考虑这项首要任务——经济绩效方面，商业企业与非商业机构是不同的。

相比较而言，在考虑其他各项任务方面，它们却是极为相似的。但是，只有商业企业才把经济绩效作为其特殊使命。

# 第2章 用管理取代专制

卓有成效的管理者必须学会用管理取代专制。在企业组织结构逐渐扁平化的时代，企业的管理成本和沟通成本迅速提高。管理者如果还固守专制的管理方式，就会降低管理的有效性，从而降低企业的绩效。管理者应该以积极的态度来面对管理的挑战，维护人的尊严和自由，实现人的发展和企业的发展的统一，从而终结专制时代。

## 改变专制的管理方式

德鲁克认为，如果没有运转正常的独立性组织，我们就无法拥有民主，专制将是唯一的宿命。专制用威慑取代了责任，用强制替代了自由。专制的问题在于管理者将一切都囊括在臃肿而低效率的官僚组织之内。这种组织资源利用率低，产品质量低下。所以，使我们的组织能够独立自主并且高效运转，用独立自治的组织管理代替专制，是使我们摆脱专制的唯一途径。

德鲁克的这一思想，立足企业内部的权力构成，对解决大企业的权力分配问题尤其有效，对于中小企业也非常有启发意义。

在当今社会，企业应该独立承担责任和风险。企业以什么样的形态存在，企业的管理机制和职权划分是尤其关键的问题。在企业发展的特定阶段，权力体系不同，管理方式也不同。对于创立不久、规模比较小的企业，企业的领导者对企业的作用尤其重要，一般在这种情况下，企业权力比较集中。当企业发展到一定阶段后，规模扩大，机构增多，此时分权、授权就非常重要。

如果单纯从资源配置效率来看，专制式的企业效率更高，但有效率不等于有效。所以，管理就应该使企业成为一个负责任的独立组织，使其能够有效地达到目标。很多企业把效率作为企业发展的中心问题，在管理上独裁专制，结果导致"企业管理基本靠吼，项目管理基本靠凑，管理人才基本要走"。这种现状反映出当前企业领导者管理水平的低下，也突出说明了企业家有效管理的重要性。

所以，卓有成效的管理者必须学会用管理取代专制。在企业组织结构逐渐扁平化的时代，企业的管理成本和沟通成本迅速提高。管理者如果还固守专制的管理方式，就会降低管理的有效性，从而降低企业的绩效。管理者应该以积极的态度来面对管理的挑战，维护人的尊严和自由，实现人的发展和企业的发展的统一，从而终结专制时代。管理者要改变专制的管理方式，首先必须学会分权。分权指的是处理管理高层和基层的关系，其目的是发挥基层组织的主动性和创造性。通过把管理决策权分给下属组织，一方面能调动基层管理者的积极性和主动性，另一方面也能使管理者集中精力应对少数关系到全局利益的决策问题。分权制是现代企业普遍遵循的管理规则，与企业的制度设计相关联，此处不再赘述。

管理者要改变专制的管理方式，还要学会授权。授权是担任一定管理职务的领导者在实际工作中，为充分利用专门人才的知识和技能，或在出现新增业务的情况下，将部分解决问题、处理新增业务的权力委任给某个或某些下属实施的管理方式。诸葛亮一生英名，却不善于授权，以致壮志未酬，客死五丈原。他的死因就是事必躬亲，结果积劳成疾，不治而亡。可见，勤劳与否并不是评价管理者能力高下的准则，高明的管理者一定要善于授权于人，用他人的智慧完成自己的工作。

三星集团是享誉世界的财团，其总裁李健熙深谙授权之道。

1994年10月，他把大小事一把抓的总裁秘书室规模大幅缩小，分设出主管电子、机械、化学及金融保险的四个集团长，将权力充分下放给由集团长和总裁秘书室主任等七人组成的集团经营委员会，负责最高层的决策。李健熙的充分授权，并不意味着他权力的衰减。这七个人都是跟随他多年、与他最亲近的企业高管，他们一直在李健熙的授权下工作，对李健熙的想法知之甚详。即使李健熙不在，他们也能够做出与李健熙意见相差无几的决定。

给下属充分授权，并且使自己的目的充分实现，这一点，李健熙做得最好。

管理者必须学会授权，授权能使企业更有竞争力，死死抱住权力则会抱死企业。

授权的基础是信任，很多领导者之所以不愿意授权，就是因为不信任下属。所以，决策者要学会授权，就要信任自己的下属。充分信任是授权的前提条件，福布斯公司以信任为基石充分授权的管理机制非常典型。

福布斯的员工都感觉到：在自己的职位上可以充分发挥想象力

和创造力，可以自主地处理业务，完全不必担心领导会对你指手画脚。对此，雷·耶夫纳感触颇深。他刚到福布斯工作时，公司就给他高薪。当时，雷·耶夫纳的任务是调整福布斯的LAI附属机构，使该机构的《LAI周报》重振雄风。布鲁斯·福布斯给他的唯一指示是："一切由你全权处理，我只要你的结果。"

雷·耶夫纳非常感激布鲁斯·福布斯对自己的信任，工作热情无比高涨。每天早上他和福布斯各部门主管轮流会谈，谈论各部门的进展状况，决定哪些主管该和布鲁斯·福布斯面谈。雷·耶夫纳如是说："那是我第一次感到自己掌握着权力。"他开始全面改革，他让手下有事直接向他汇报，而不必像以往那样层层报告。六个月后，LAI果然重振雄风，雷·耶夫纳也从此声誉日隆。这一切都得益于布鲁斯·福布斯的充分信任。

信任是相互的，你对下属信任，也必然会换来下属对你的信任。信任是管理者对下属能力的肯定，也是对其工作的尊重。管理者的权力来自其工作职位，是为了实现企业目标。因此，这种权力只有让肩负工作使命的人拥有并行使才合情合理。管理者充分授权于下属，并且充分信任下属，将心比心，才能充分调动下属的工作积极性和热情。任何人都需要别人的肯定，管理者敢于授权，也是对自我能力的肯定，这意味着管理者有能力掌控局面。

管理者要学会授权，更重要的是要学会有效地授权，有效地授权是一项重要的管理技巧。为获得最佳成效，管理者还应适当地监督被授权者，同时给予正面的回馈。

高尔文是摩托罗拉创始人的孙子，在1997年他接任摩托罗拉的CEO时，就认为应该充分授权，让高层主管自由发挥其能力。

然而自 2000 年开始，摩托罗拉的市场占有率、股票市值、公司获利能力连连下跌。摩托罗拉原是手机行业的领导者，但当时其市场占有率却只有 13%，而劲敌诺基亚则达到了 35%。另外，其股票市值也缩水了 72%。到 2001 年第一季度，摩托罗拉更创下 15 年来第一次的亏损纪录。

美国《商业周刊》当时给高尔文打分数，除了远见分数为 B 之外，他的管理、产品、创新都得了 C，对股东贡献的分数则是 D。而这一切，都是高尔文授权监督不到位，没有掌握公司真正的经营现状造成的。他一个月才和高层主管开一次会，在写给员工的电子邮件中，谈的则全是如何平衡工作和生活等话题。

高尔文的授权并没有错，但授权不等于放任自流，更何况他对公司真正的状态并不了解。摩托罗拉曾公开宣布，要在 2000 年卖出 1 亿部手机，但最终却没有实现目标。而更重要的是，内部员工几个月前就知道该目标无法实现，只有高尔文被蒙在鼓里。

直到 2001 年年初，高尔文才意识到问题的严重性，意识到摩托罗拉的辉煌可能就要断送在他的手上。于是他解聘了首席运营官，进行组织重整，让六个事业部直接向他报告。他也开始每周都和高层主管开会。

管理者不能使授权流于形式，更不能放任自流，授权的同时必须进行控权。没有监督的权力不是合法的权力，没有监督的授权不是有效的授权。成功的授权必须具备有效且反应迅速的管控系统，以此系统监督受任部属及完成任务的进度。授权过程实际上是提升管理者自身及部属能力的最好机会，你可借此激励、评估各层次部属的表现。

## 用正确的方法做正确的事

德鲁克认为，正如很多人分不清有效和有效性一样，很多人也分不清做正确的事和正确地做事。做正确的事，从宏观上讲，就是做符合企业使命和价值观的事；从微观上讲，就是做事必须有正确的方向，能提高个人工作效能，就是一种既注重过程又重视结果的工作方式。正确地做事，就是怎样正确地完成任务，即做事的正确方法。

首先，正确地做事与做正确的事是两种截然不同的工作方式。正确地做事就是一味地例行公事而不顾及目标能否实现，是一种被动的、机械的工作方式。工作只对上司负责，对流程负责，领导叫干什么就干什么，一味服从，铁板一块，是制度的奴隶，是一种被动的工作状态。在这种状态下工作的人往往是不思进取、患得患失的，他们不求有功，但求无过，做一天和尚撞一天钟。

做正确的事不仅注重程序，更注重目标，是一种主动的、能动的工作方式。他们对目标负责，做事有主见，善于创造性地开展工作。这种人积极主动，在工作中能紧紧围绕公司的目标，为实现公司的目标而发挥人的能动性；能在制度允许的范围内进行变通，努力促成目标的实现。

这两种工作方式的根本区别在于：是只对过程负责，还是既对过程负责又对结果负责；是等待工作，还是主动工作。同样的时间，这两种不同的工作方式会产生截然不同的绩效。

其次，管理者必须明确怎么做正确的事。对企业而言，管理者的行为、决策必须符合企业的价值观和使命；企业利益必须与公众、社会利益有机统一。做正确的事，是成功企业孜孜以求的目标。"得道多助，失道寡助""得民心者得天下"，企业只有顺应民意，强调社会效益，才能获得持久的经济效益；企业一旦"失道"，成为孤家寡人，就会失去民心，失去顾客的支持，就会严重透支企业的信誉和形象。

对个人而言，做正确的事，首先要使所做事情的方向正确。工作过程就是解决一个个问题的过程。有时候，一个问题会摆在你面前让你去解决。问题本身已经相当清楚，解决问题的办法也很清楚。但是，不管你要冲向哪个方向，都要明白从哪个地方下手。在解决问题之前，请你确保自己正在解决的是正确的问题——很有可能，它并不是先前交给你的那个问题。搞清楚交给你的问题是不是真正的问题，唯一的办法就是多层次、多角度地深入挖掘和收集事实，多看、多听、多想。一般用不了多久，你就能搞清楚自己走的方向到底对不对。

著名管理学家克劳士比提出"第一次就把事情做对"（Do It Right the First Time），这是他"零缺陷"理论的精髓之一。这一观点体现的是一种精益求精的工作态度。从丰田公司的全面质量管理和准时化生产中，人们会惊奇地发现，原来，第一次就把事情做对不仅是可能的，而且是一定要做到的。想想看，整条流水线上，每一个零配件生产出来之后马上就被送去组装，因为没有库存，任何一个环节出了质量问题都会导致全线停产，所以必须百分之百地第一次就把事情做对。

看看你周围，很多人做事不精益求精，只求差不多。所以尽管从表现上看来，他们很努力，也很敬业，但结果却总是无法令人满意。

美国市政厅的一份研究报告披露说,在华盛顿因工作马虎造成的损失,每天至少有100万美元。该城市的一位商人曾抱怨说,他每天必须派遣大量的检查员去各分公司检查,尽快地制止各种马虎行为。在许多人眼里,有些事情简直是微不足道的,但积少成多、积小成大,一些不值一提的小事早晚会影响他们做事的工作效率,当然也会影响到他们的晋升和事业的发展。

最后,管理者要学会正确地做事,掌握做事的正确方法。著名学者林语堂先生认为,正确的方法比执着的态度更重要。因此,如果我们要提高自己的做事效能,就应该调整思维,尽可能用简便的方式达到目标。

1. 做事要集中精力

有这样一个故事。

有一位父亲带着三个孩子到沙漠去猎杀骆驼。他们到达目的地后,父亲问老大:"你看到了什么?"

老大回答:"我看到了猎枪、骆驼,还有一望无际的沙漠。"父亲摇摇头说:"不对。"父亲以同样的问题问老二。

老二回答:"我看到了爸爸、大哥、弟弟、猎枪、骆驼,还有一望无际的沙漠。"父亲又摇摇头说:"不对。"父亲又以相同的问题问老三。

老三回答:"我只看到了骆驼。"父亲高兴地点点头说:"答对了。"

这个故事告诉管理者,做事要专注,不要分散注意力;集中精力,才能达到目标。

2. 必须学会选择,学会放弃

阿西莫夫是一位科普作家,同时也是一位自然科学家。一天,他在打字机前打字的时候突然意识到:"我不能成为第一流的科学家,却能成为第一流的科普作家。"于是，他从此把全部的精力都放在了科普创作上，最后终于成为当代最著名的科普作家。

伦琴原来学的是工程科学。在老师孔特的影响下，他做了一些有趣的物理实验。这些实验使他逐渐体会到，物理才是最适合他的事业。后来他集中精力专攻物理，果然成了一名卓有成就的物理学家。因此，要想成功，就必须使工作具有重要的意义，就必须集中精力做事，就必须做正确的事。

阿西莫夫不是一流的科学家，却可以成为一流的科普作家；伦琴如果研究工程科学，那他或许永远是个普通的研究者，但他选择了物理学，成为改变时代的人。由此可见，管理者要正确地做事，必须善于选择，选择符合你价值观并且能发挥你优势的职业，然后集中精力去完成。

3. 站在别人的肩膀上

博古通今、多才多艺的里欧纳尔德·文奇说："不能青出于蓝的弟子，不算是好弟子。"年轻而优秀的科学家皮耶·艾维迪也说："比起史坦因美兹等科学界的巨人，我们只能算是小人物。但踩在巨人肩上的小人物，却能比巨人看得更远。"皮耶在钻研新课题时，常应用这句话。

4. 善于学习

比如，要推出新式录音机该怎么做？假如你本身缺乏这方面的经验，却还要完全靠自己的构思，则不仅浪费时间还会出错。经营录音机的公司有好几家，它们是消息的最好来源。但你不能依样画葫芦，而是要利用先进的既有经验来发挥自己的构思。所以，不论面临什么问题，都应看看人家是怎么解决的，然后再加以改善。

5. 淘汰问题

有时因为解决问题的方法过多,人们反而会不知如何取舍。高效能人士可以采取淘汰法,把不好的逐一去掉。例如跳舞比赛,如果一次想从舞者中选出优胜者是很困难的,因此便采取淘汰法。每次评审一组,有缺点就退场,这样陆续淘汰直至两组,最后剩下获胜的一组。当你要从几个东西中选出最喜欢的,如果把不喜欢的逐一淘汰,事情就变得容易了。

6. 多多交流

能否提出更新、更好的解决办法,这与了解问题的程度有关。为了验证自己的想法,最好将计划向第三者提出。纽约某石油公司的老板常常把太太当作练习讲演的对象。这位太太对石油所知不多,却能耐着性子聆听,结果对她先生帮助不小。这位经营者了解把想法用语言表现出来后可以发现其中的缺陷这一道理。

综上所述,从德鲁克的思想出发,管理者要提高企业的绩效,首先要做正确的事,其次要用正确的方法做事,要讲求效率、集中精力完成任务。对任何一个管理者而言,最成功的做事方法就是:用正确的方法做正确的事,也就是把正确的事做好。

然而令人遗憾的是,很多管理者并没有意识到把正确的事情做好的重要性。他们或者做错误的事,以致这些行为严重损害企业的使命、价值观和信誉,或者在确定工作任务后不能用正确的方式完成任务,以致不能充分发挥企业的优势,也不能有效地发挥自身的优势。

总之,在德鲁克看来,把正确的事情做好,体现的是管理者的以素质和结果为导向的绩效精神。把正确的事情做好,对转型期的中国企业而言无疑是一剂灵丹妙药,也为中国企业的发展提供了一种崭新的模式。只有坚持把正确的事情做好,我们的企业才能实现良性运转。

## 绩效第一

德鲁克管理思想中极其重要的一点就是有效管理,作为管理者必须深入领会其思想实质。有效管理的中心问题是绩效,有效管理要求管理者追求管理的成果,是一种结果导向型的管理理念。然而遗憾的是,相当多的管理者并不能意识到有效和有效率的区别。有效追求的是管理的成果,是组织做出了什么、达到了什么样的目标;有效率追求的是手段,是过程,是速度,是实现目标的方法。所以有效率并不见得有效,而最有效的管理却是高效率地完成高质量的成果。

绩效是有效管理的根本,即使拥有最好的战略、最优秀的团队、最完美无缺的计划,如果没有绩效产出,那么一切都是空谈。绩效是组织期望得到的结果,是组织实现其目标而展现在不同层面上的有效输出,它包括个人绩效和组织绩效两方面。组织绩效建立在个人绩效实现的基础上,但个人绩效的实现并不能保证组织绩效的实现。组织的绩效被层层分解到每一个工作岗位以及每一个人的时候,只要每一个人都达到组织的要求,组织的绩效就实现了。但是如果组织战略有失误,那就可能造成个人绩效目标的实现而组织绩效的失败。

对任何一个企业而言,都必须把注意力集中在绩效上,因为结果说明一切,结果决定一切。企业要建立绩效精神,绩效精神的第一要求就是建立高绩效标准。无论是企业还是个人,为达到绩效标准,都必须坚持不懈地努力。韦尔奇曾经在通用公司实施"数一数二"战略:一项事业若无法成为市场上的第一名或第二名,就应该卖掉;而企业每年应该淘汰绩效表现落在最后的10%的员工。这些做法不仅让通用公司成为20年来全球最具竞争力的企业，而且促使全球企业争相仿效。为什么通用公司作为一个巨无霸企业，还能辗转腾挪，像小企业一样决策和行动呢？关键就在于通用公司建立了完善的绩效标准，这一标准激发了组织和个人无穷的创造力。古人云："取法于上，仅得其中。"只有确立高绩效标准，才可能实现高成效，才可能超越过去，超越现在。

绩效精神的第二要求就是最优化法则。高绩效标准需要高效率地完成，实现高绩效的有效方法就是最优化选择，即管理者及下属必须确定自己所做的是自己必须做的，也是自己最需要做的、最能体现自身价值的事情。

艾维是一位管理咨询专家，在1904年他走访伯利恒钢铁公司总裁施瓦布时说："尊敬的施瓦布先生，我有个主意会帮助您提高工作效率。由于今天我主动上门，因此，你可以在感到有价值后再确定给我多少报酬。"

施瓦布说："听起来好像我不吃亏！您的主意是什么？"

"其实很简单，请您按顺序列出今天您必须做的六件最重要的事，然后开始进行1号事情，同时不要考虑其他事情，直到你完成为止，然后你需要重新评估其他五件事以确定其重要性是否发生了变化。接着，着手2号事情，完成之后，继续评估……依次进行。如果一天结束时，你没有把六件事全部完成也没关系，因为即使采取其他办法，你也无法完成它们，而且你已经做到了最需要你做的事情！即使一天过去，你连一件事都没有做完也没关系，因为，你仍然在做你最需要做的事情。"

瓦布半信半疑地向他道谢。14个月后，艾维收到了他寄来的2.5万美元的支票，并且附言："非常感谢您，您的建议是我整个一年里获得的最重要的主意！"

施瓦布之所以主动给艾维支付报酬，是因为艾维的方法迅速提升了他的绩效。管理者通常了解很多提高效率的方法，但很少找到提高绩效的方法。艾维的方法就非常值得学习。这种最优化方法告诉管理者：要实现高绩效，就必须改善工作方法。任何人都明白要做重要的事，但更重要的是你必须首先做最需要你做的事。很多事很重要，但是别人可以替代你，此时你就应该授权于人。高绩效必须最大限度地发挥个人能力，因为卓有成效的管理者都在做不可替代的工作。

管理者追求高绩效，并不是不重视效率，而是在注重结果的同时提高效率。官僚化是严重影响绩效提高的因素。20世纪80年代以来，世界500强企业中有1/3黯然退出，它们失败的原因大多与官僚化有关。很多企业通过改革走出了困境，比如IBM、三星等。所以，决策者和管理者必须适时进行变革，提高组织绩效能力。

20世纪70年代，世界汽车市场疲软不堪，此时又发生了汽车经济危机。通货膨胀导致物价上涨，公司经营困难重重，菲拉特公司步入历史上最困难的时期。公司不仅连年亏损，汽车的市场占有率也直线下降。当时有人说："最好丢掉汽车公司这个沉重的包袱。"语出惊人之余，公司上下一片恐慌，大家都不知道自己什么时候会被公司抛弃。

危难时刻，阿涅利任命年轻的维托雷·吉德拉出任菲拉特汽车公司总经理。许多人对他充满了期望，拭目以待。

吉德拉表现得似乎很平凡。他总是微笑着与员工们谈话，了解情况。每次,他都会将一些问题记录在自己的小本子上。不久,他的笔记本就剩下最后一页了。

一个星期天的早晨,吉德拉主持召开了一次会议:"现在,公司的境况非常糟糕!身为一位菲拉特的老员工,我深感不安。今天,我希望大家告诉我,问题到底出在哪里。"

时间似乎凝滞了一般,没有人情愿说出自己的心里话。

随后,吉德拉便宣布:"散会!"

大家都木然地离开会场。此时,会场中只剩下吉德拉一个人。想起那些人毫无表情的面孔,吉德拉却爽朗地笑了。原来他的目的已经达到了一半!

几天后,他又主持召开第二次全体会议。这次他提出了自己的见解:"我们要进行彻底的机构调整,希望你们有必要的心理准备与承受能力。现在公司中存在的最严重问题是官僚化、组织机构重叠、效率低下、企业没有活力……"

会场上依然鸦雀无声,因此,吉德拉开始顺利地推行自己的改革计划。

吉德拉以雷霆手段开始改革,他首先关闭了国内的几家汽车分厂,解雇了1/3的员工,并且将海外一些效率低下的机构撤销。同时,公司还停止向北美销售汽车……这一系列举动都旨在提高效率。

吉德拉的"精简高效"在执行过程中遇到了强大的阻力。菲拉特公司曾经被称为"解决就业的典范",由于此次进行大幅裁员,所以引起了社会各界的指责。吉德拉为此承受了巨大的精神与舆论压力。

然而,吉德拉并不气馁,他开始对企业的生产线进行改造:淘汰那些生产效率低下、技术落后的生产线,大量采用新工艺、新技术，从而极大地提高了生产率，增强了产品的竞争力。菲拉特公司开始出现欣欣向荣的局面。

同时，他对销售层面的改革也紧锣密鼓地展开了。从前，菲拉特不需要经销商支付任何预付金，并且当经销商将汽车销售完之后，公司也不急于要求他们回款，这严重地影响了公司的资金周转速度。为此，吉德拉做出新的规定：凡是经销菲拉特公司汽车的经销商，必须在出售汽车之前垫付一定的资金，否则不予供货。这项规定生效后，有近1/3的经销商退出了代理。然而这并没有影响公司的市场份额，大多数代理商对公司改革表示支持。

吉德拉为什么会成功？因为他找到了菲拉特公司严重亏损的症结所在。他提高绩效的办法就是充分了解情况，然后有步骤、有方法地改革。管理者不要迷信拯救企业的高深方法，提高绩效的方法永远要从企业自身去寻找，改变首先要从自身出发。管理者必须掌握独特的方式方法，才能最大化地提高绩效。

### 树立"高级管理者"风范

通过创新的目标，一家公司可以使其在"我们的业务应该是什么"的定义上具有较高的可操作性，并能够在实际应用中发挥作用。

在每个企业中，基本上都存在三种主要的创新领域：产品或服务方面的创新、市场与消费者行为及价值方面的创新，以及各种技能与活动的创新——制造产品和提供服务并把它们推向市场时所需要的各种技能及活动的创新。上述领域的创新可以分别被叫作产品创新、社会创新（如分期付款方法）和管理创新。

在设定创新目标的过程中，存在的主要问题是：难以找到衡量各种不同创新的相对影响力和重要性的标准。那么，我们怎么才能确定以下二者哪一个更为重要呢？是100项可以立刻应用到产品包装上的小改进重要，还是一项经过十多年的艰苦工作、研究出来的以后可能会彻底改变本企业性质的重大化学发明重要？对一家百货公司和一家制药厂而言，它们关于这一问题的答案可能不尽相同，即使是两家不同的制药厂也可能会有不同的回答。

有些企业的目标同自身开展工作所需的各种资源的种类和质量、资源的供应、资源的应用和生产率休戚相关。

200年来，经济学家一直都在讲，所有的经济活动都需要三种资源：土地，即自然资源；劳动力，即人力资源；资本，即投入未来的资金。企业必须能够吸引这三种资源，并把它们投入富有生产率的生产之中去。因此，每个企业在这三个领域中都必须设定目标，而且要制定有关这些资源的生产率目标。同时，在这三个领域中，每一个领域都要求有多种，而不只是单纯的一种目标。一个不能够充分吸引人力资源和财务资源的企业是没有能力持续发展的。

当某一行业失去对合格的、能干的、有进取心的人的吸引力的时候，也就是某一行业开始衰落的时候。例如，美国铁路工业的衰落并不是在第二次世界大战以后才开始的——那时只不过是衰落的趋势变得更加明显和无法挽回的时候。事实上，美国铁路工业的衰落开始于第一次世界大战期间。在第一次世界大战以前，铁路工业对人才有很大的吸引力，美国工程院校有能力又勤奋的毕业生都希望在铁路工业找到一份工作。第一次世界大战结束以后，由于某种原因，铁路工业对年轻的工科毕业生或受过教育的年轻人再也不具有吸引力了。

因此，在人力资源的供应和资本供应这两个领域中，需要有真正的市场营销目标。"为了吸引并挽留所需要的工作人员，我们的工作职责应该是什么；在劳务市场上，有些什么样的人员供应；为了吸引这些人员，我们需要做些什么？"还有一个类似的问题："我们必须采取一些什么样的投资方式，如银行贷款、长期债券或股票，才能吸引并挽留住企业所需要的人力资源？"

企业的资源目标必须通过一种双向流程来制定。其中一个出发点是预测企业未来的需求，然后自内而外地推及土地、劳动力和资本市场；另一个出发点是这些"市场"本身，然后推及企业的组织结构、发展方向和计划。

把各种资源吸引过来并使之投入企业的经营过程当中，这只是经营企业的开始。企业的任务在于使各种资源富有生产率，通过有效的组织产生更大的产出效益。因此，每家企业都需要有生产率目标，需要为三种主要资源（土地、劳动力和资本）中的每一种设定生产率目标，还要为生产率本身设定总体目标。

对生产率的衡量标准，是对同一企业内部的各个单位的管理以及不同企业的管理进行比较的最佳尺度。这是因为生产率包括了企业所贡献的全部努力，并把企业所不能控制的要素全部排除在外。可以说，生产率是体现管理能力的第一个衡量要素。

所有企业都可以获得几乎相同的一些资源。除了极为罕见的独占情况以外，在特定领域中把一家企业与另一家企业区分开来的唯一标准，就是企业中所有层次的管理质量。对这个极其重要的因素进行衡量的首要标准就是生产率，即各种资源的利用程度及其产生的收益。

　　管理的最重要任务之一，就是要不断提高劳动生产率。但这也是最困难的一项工作，因为生产率是各种不同因素之间的一种平衡，而这些因素很难被界定或被明确地加以衡量。

　　劳动力只是生产三要素中的一项。如果劳动力生产率的提高是以牺牲其他资源的生产率为代价而获得的，那么这实际上是整体生产率的损失，得不偿失，必须综合考虑各要素的生产率。

　　生产率是一个难于定义和衡量的概念，但又是一个核心概念，很难找到一个恰当的衡量标准。如果没有生产率目标，企业就会失去方向；如果没有生产率的衡量，企业就会失去控制。

　　只有在对上面所论述的关键领域进行深思熟虑，并设定了相应的目标以后，企业才能解决"我们需要多大的利润率"这一问题。要达到上述这些目标中的任何一项，都需要承担较高的风险，并要为之努力，这就意味着要付出成本。因而存在这样的要求，即用利润来为企业达到目标支付费用。由此可见，利润是企业生存的一个条件，是未来的成本，是继续维持其经营活动的成本。

　　有足够多的利润来满足其在各关键领域中目标需要的企业，才称得上一家拥有生存手段的企业，而一家没有足够多的利润来满足其关键领域中目标需要的企业，则是一家处于边缘状态和危险状态之中、前途未卜的企业。

　　对利润进行规划是必要的，但这是一种对必需的最低利润率的规划，而不是那种毫无意义的对"利润最大化"的盲目追求。这个必需的最低利润率，也可能使实际上获得的利润比许多企业设定的利润目标高得多，更不用说实际的利润结果了。

# 第3章 目标管理，让组织朝一致的方向奋斗

> 目标管理是以目标为导向，以人为中心，以成果为标准，而使组织和个人取得最佳业绩的现代管理方法。目标管理亦称"成果管理"，俗称责任制，是指在企业个体职工的积极参与下，自上而下地确定工作目标，并在工作中实行"自我控制"，自下而上地保证目标实现的一种管理办法。

## 非营利组织是真正的先驱者

企业明确了自身的愿景、目的和使命后，就应该将企业的目的和使命转化为目标并进行有效的目标管理。

德鲁克认为，目标管理是企业提高绩效的重要手段，企业必须建立完整的目标体系。企业必须有总目标，各个部门及各个员工都应该有自己的分目标，而且分目标从属于总目标，分目标是实现总目标的基础。

企业应该建立怎样的目标体系呢？企业的目标体系有哪些重要的方面呢？德鲁克认为，企业目标应该建立在八个主要方面：市场目标、创新目标、人力资源目标、财务目标、物质资源目标、生产率目

标、社会责任目标、利润目标。

企业存在的目的是创造顾客，那就必须首先有市场，应该建立完整而有针对性的市场目标。这与企业的定位和目的密切联系，一定要首先确定自己的目标顾客是哪些人。

企业必须明确它所生产产品的创新点，即它需要在哪些方面进行创新；必须明确创新方向以及产业方向，因为不创新就会被市场淘汰。所以，企业必须建立创新目标，而且能使创新目标在企业活动中被贯彻和执行。

企业要生产，必然需要最基本的资源，这包括人力、资本、物质投入等。这些方面的目标与企业规模和市场前景相关。企业应该充分有效地利用资源，以降低成本，进行成本控制，所以必须有相应的效率目标——生产率目标。

企业存在于社会中，必须承担社会责任，这由企业的使命决定。企业必须有社会责任目标，如企业应该为社会提供怎样的产品，企业的生产经营活动会不会影响到人们的生活、会不会破坏环境，等等。企业的社会责任目标应该与企业所需要建立的信誉、形象、知名度、美誉度等联系起来。

## 运用目标管理的优势

德鲁克提出的目标管理理论，有其独特的特点。

（1）系统性。从目标制定到目标执行，从高层到基层，逐层分解目标，这就将整个企业连接为一个整体。

（2）民主性。企业的总目标要得到贯彻和落实，就必须获得基层员工的理解和支持。因此，目标管理要求基层能参与企业的决策，从而增强决策的执行力。

（3）自我控制。目标管理的最大优点在于它能使人们用自我控制的管理来代替受他人支配的管理，激发人们发挥最大的能力把事情做好。员工都愿意负责，关键在于管理者赋予员工多大的权力。

（4）激励性。目标管理以结果为导向，企业把目标的制定和实施结合起来，将目标实施状况与奖惩制度密切结合，因此这种方法是非常有效的激励方式。

管理者必须全面理解目标管理的特点，从而在实践中运用目标管理。目标管理对于改造组织结构、改变管理方式、提高企业业绩、增强组织沟通和协作都具有非常重要的意义。管理者要善于运用目标管理的优势，从而提高管理绩效。

1. 确定组织目标，提高工作绩效

目标管理不但可以帮助企业制定出一套全体员工共同努力的目标，更可以借助绩效的评估与考核使公司上下所有人员均能有效地贡献其能力，做有利于实现公司目标的工作。

2. 目标管理立足现在，面向未来

传统的管理方式中，各级经营者常犯的毛病是"只为今日的危机而繁忙"。目标管理则强迫管理者了解目前的危机，了解环境的变化，迫使其为未来的行动做仔细的规划。

目标管理能创造一种气氛，强迫人们从事计划的工作。因此在目标的设定方面，要能反映出管理者将面临的未来工作环境、所需要的有效资源与协助，更要能显示出管理者的地位，甚至其他部门都能通过目标执行获得由自己的贡献而得到的利益。

3. 目标管理的重点是授权

在目标管理制度下所设立的目标，务必反映企业的成果，同时分清权责。认真执行目标管理，往往会发觉权责不清、功能混淆之处，最常见的是缺乏有效地运用授权的原则。目标管理重点在于授权，使权责含混之处明朗化，从而提高企业的经营业绩。

4. 激发员工潜能，提高员工士气

目标管理强调高层管理者应创造有利的环境和条件，使员工能在此环境下发挥其创造力。在实施目标管理的过程中，上级必须赋予部属为达到目标所必要的权力，使部属能发挥潜能，达到预期目标。通过这种方式，可激发员工潜能，提高员工士气。

5. 促进沟通，全员参与，增进团结

传统的管理会造成本位主义，剥夺企业组织的潜能，使企业组织效率大为降低。目标管理强调上司与部属（其他部门的同事）间的双向意见沟通，要求大家在组织内坦诚相见、团结合作，因此常能及时消除内部潜伏的冲突，增强团结，有效地达到目标。

6. 消除各部门的本位主义

现代企业组织具有高度专业化的特征，规模愈来愈大，人员众多、组织庞大、性质复杂。由于缺乏参与，导致沟通发生障碍，更由于管理上的科层结构，因而时常造成误解，所以企业内部很容易出现本位主义。为了消除本位主义，现代企业组织有必要建立协调与合作的制度和解决方法。

为达到协调与合作，首要措施就是确立企业组织的目标管理制度，使各级主管基于企业组织的共同目标，明确列举本部门的目的即预期的成果，并列举为协助其他部门达到目标本部门应做何种贡献，用以强调团队合作及团队成果共享。

7．激励员工自动自发的精神，提高工作效率

在传统的管理下，上司只要求员工顺从、努力地工作，无法促使员工主动工作。并且由于主管规定各人的工作内容，交代下属如何去做，常使下属站在反对的立场，这是因为规定的工作目标不易为下属所接受，而使其产生了逆反心理。在这种情况下，个人就不会集中精力于目标上。目标管理鼓励员工自主设定目标及行动计划，自己来控制进度，可启发员工自动自发的精神，主动且负责达到本身的目标。

8．目标管理使管理评估具体可行

传统的管理方式对于部门及人员的考核采用主观的看法和评核，仅凭员工的个性或其工作习惯来考核员工。如此不但不能充分表示出个人努力的程度，更容易造成员工的不满或随意。

目标管理要求对于人员的能力可以用其预期达到目标与实际完成情形做比较来评价员工之绩效。目标管理提供了一套绩效评估办法，使员工的绩效得以被客观地评估。

9．有助于经营者评核自己或下属的绩效

传统的评核考绩方式不再适合于现代企业的管理，目标管理的推行有助于客观地考核。部门或主管的经营成果，不论是自己考核自己或是上司考核下属，均有标准可以依据。如此可将员工的不满消弭于无形，也可更积极促使员工努力达到更高目标。

作为管理者，必须明确目标管理的意义。总结以上几点，目标管理的意义主要在三方面。一是以提升组织绩效为核心。目标管理要求以目标实施的结果来评判员工和管理者，是一种以结果为导向的管理方式。二是目标管理有利于提升个人能力。通过目标管理，每个员

工都可以自动自发地控制工作进度，从而有利于发挥个人的主动性和积极性。三是目标管理提升了企业凝聚力。

目标管理使得企业没有边界，打破了部门限制和层次阻隔，使沟通和协作能力迅速得以提高。管理者要准确理解目标管理的意义，以便在实际操作中不致"失之毫厘，谬以千里"。

### 好的目标关键在于执行

有一只燕子，她的家在房顶下面。她的邻居麻雀家在同一个房子的屋檐下面。麻雀的窝比较简单，不过是排水管和房檐之间的一个小小的空隙罢了。

燕子每年都孵育小燕子，教他们飞翔、唱歌。麻雀却不一样，她每年也生不少蛋，可是她从没有把小麻雀孵育长大：不是淘气的孩子们掏走了她窝里的蛋，就是小麻雀被猫吃掉了。

麻雀看到燕子一家其乐融融，非常羡慕。

"你真幸福！"麻雀说，"你每年都能孵出小燕子，而我的孩子却总是保不住！"

"都怪你自己不用心，"燕子说，"要是你的窝也和我的窝一样结实，小孩和猫就没有办法了。"

"那就请你教我搭窝吧！"麻雀说，"你一定知道什么秘密，或者有什么诀窍。"

"搭窝要动动脑筋才行，"燕子说，"不过，其实也没有什么诀窍。咱们一起飞吧，我一定教会你。"

燕子和麻雀一起飞到了一个湖边。

"喂，我亲爱的朋友，你用嘴巴衔一点泥，学我的样子。"燕子边说边做给麻雀看。

"叽叽叽!"麻雀回答说,"原来是这样啊!依我看,搭窝一点也不难,什么诀窍也没有!"燕子沉默,她看了看麻雀,然后衔着一块泥飞回家,把它糊到墙上。

"你也这样做吧!"她劝麻雀。

"我看见了,看见了!"麻雀说,"很简单啊!我还以为你做的那个窝有什么秘密呢!这样糊泥谁不会呀?不!这种小事我可不干!"

燕子一次又一次地飞到湖边,每次都衔回一块泥。泥衔够了以后,她又去衔稻草。材料备齐了,她就开始筑窝。她铺一层泥,再铺一层草,又铺一层泥,又铺一层草……把窝搭得严严实实。

"窝只有这样搭才行。"她教麻雀说,"先糊上一层泥,再加上一层草,再糊上一层泥,再加上一层草……这样,一个结结实实、舒舒服服的窝就搭好了。"

"我知道,我知道!这里面一点高明之处也没有!"麻雀以轻蔑的口吻叽叽喳喳地说。

燕子回答说:"我知道你知道,可是光知道永远搭不成窝,没有行动怎么可能有成果?你只知道夸夸其谈,那样永远也孵不出小麻雀来!"

寓言总是很简单,其中的寓意却不简单。燕子和麻雀的区别就在于,燕子是行动家,而麻雀却只知道夸夸其谈。在麻雀的眼里,燕子一点都不高明,可是比燕子更高明的麻雀却永远也孵不出小麻雀来。任何目标再宏大、再美好,都需要去执行、去运用、去实践,脱离行动的目标就不是有效的目标。

有效的目标管理应该能落实到实践中,应该可以被执行和应用。德鲁克认为,有效的目标绝不是美好的愿望,倘若如此,那么企业的目标就形同废纸。因此，任何抽象的目标都必须转化为各项具体的工作，这种工作应该有期限限制，可以考核并有特定的责任者。

一个缺乏执行力的管理者不是一个合格的管理者，一个不能被应用的目标不是一个有效的目标。好的目标必须被运用，只有在运用中才能真正体现目标管理的价值。目标管理的优势在于，它能有效地提高工作效率。好的目标关键在于运用，在于执行。而运用就必须有方法，将目标管理应用最为成功的国内企业是海尔集团。

海尔集团董事长张瑞敏根据德鲁克的目标管理理论，结合海尔集团的实际，提出了著名的 OEC 管理法。OEC 管理法也叫日清日高管理法，它是英文 Overall Every Control and Clear 的缩写。其含义是全方位对每人、每天所做的每件事情进行控制和清理，并要求每天有所提高，做到"日事日毕，日清日高"。具体地讲就是企业每天所有的事情都要有人管，做到管理不漏项；所有的人均有管理、控制内容，并依据工作标准对各自控制的事项按规定的计划执行，并每日把实施结果与计划指标进行对照、总结、纠偏，以达到对事物发展的过程日控、事事控制的目的，确保事物向着预定的目标发展。

OEC 管理法促使企业以及每位员工、每项工作都能自我设定目标、自我发展、自我约束并实现良性循环。这一方法可以概括为：总账不漏项，事事有人管，人人都管事；管事凭效果，管人凭考核。其中，总账不漏项是指把企业内部所有的事物按照事与物分成两类建立总账，使企业正常运行过程中所有的事和物都能在控制网络之内，确保体制完整不漏项，从而有利于全面地管理目标。事事有人管、人人都管事是指将总账中所有的事与物都通过层层细化设定目标，并落实到各级人员，由此制定各级岗位职责以及每件事情的工作标准。为达到事事控制的目的,每个人根据其职责建立工作台账,明确每个人的管理范围、工作内容,每项工作的工作标准、工作频度、计划进度、完成期限,等等。管事凭效果、管人凭考核是指任何人在实施过程中,都必须依据总台账的要求开展本职范围内的工作。这就使每个人在相对的自由度下可进行有创造性的能力发挥,力求在短时间内完成达到各目标准甚至高于标准的各项工作。

海尔集团的 OEC 管理体系由三个基本框架构成,即目标体系、日清控制体系和有效激励体系。

通过完整的管理体系,海尔集团将企业目标有效分解,并层层落实到每一个员工身上。从目标的设定到目标的控制,再到目标的考核,每一个阶段,目标都能被有效执行。这样就大大提高了员工的绩效,并有效地将企业的绩效和员工的个人工作成果统一起来。正是由于建立了科学的目标管理体系并有效地应用了目标,海尔集团才能快速、持续、健康地发展。

由于海尔集团的 OEC 管理充分关注了管理中人的因素,因此目标的执行就不再是刻板严肃的数字和制度,而是转化成了员工空前高涨的工作热情。海尔集团洗衣机海外产品经理崔淑立将日清日高管理法创造性地转化为"夜半日清"就是一个典型案例。

崔淑立刚接手管理美国市场时,同事们都说:"拿下美国 B 客户非常难!"因为前任各产品经理在这位客户面前都业绩平平。

真这么难吗?崔淑立不信这个邪。一天,崔淑立刚上班就看到了 B 客户发来的要求设计洗衣机新外观的邮件。因时差为 12 小时,此时恰好是美国的晚上。崔淑立很后悔,如果即时回复,客户就不用再等到第二天了!从这天起,崔淑立决定以后晚上过了 11 点再下班，这就意味着可以在当地上午时间里处理完客户的要求。

三天过去了，"夜半日清"让崔淑立与客户能及时沟通，开发部很快完成了新外观洗衣机的设计图。就在决定把图样发给客户时，崔淑立认为还必须配上整机图，以便确认。当她"逼着"自己和同事们整理出整机外观图并发给客户时，已经是晚上 12 点了。大约凌晨 1 点，崔淑立回到家，立刻打开家中电脑。当她看到客户回复"产品非常有吸引力，这就是美国人喜欢的"时，她顿时高兴得睡意全无，为自己的"夜半日清"管理产生效果而兴奋不已！

样机推进中，崔淑立常常半夜醒来打开电脑看邮件，可以回复的就即时给客户答复。美国那边的客户完全被崔淑立的精神打动了，推进速度更快了。B 客户第一批订单终于敲定了！

其实，市场没变，客户没变，企业的目标没变，拿大订单的难度也没变，改变的只是一个有竞争力的人——崔淑立。崔淑立完全有理由说："有时差，我没法当天处理客户邮件。"但她只认目标，不说理由！崔淑立说："我从中感受到的是自我经营的快乐！有时差，也要'日清'！"

好的目标需要好的方法来落实，好的方法更需要优秀的人去贯彻。海尔通过将目标管理有效地移植，充分地提升了员工的工作境界，使员工以主人翁的精神去经营工作、满足客户需求和创造业绩。

中国有那么多的企业，为什么缺少优秀的企业家，缺少优秀的员工呢？关键在于管理机制，在于管理方法。目标管理的优势不言而喻，为什么执行就那么困难？为什么目标只停留在口头上，而无法落实到行动中？所有的管理者、决策者都必须深入反思这些困扰中国企业发展的基本问题。

好的目标必须被运用,只有在运用中才能真正体现目标管理的价值。目标管理的优势在于,它能有效地提高工作效率。好的目标关键在于运用,在于执行。

# 第4章 企业家企业

> 创新与企业家精神是可以学会的,但是一定要付出足够多的努力。企业家企业,将企业家精神视为一种责任、使命,它们在这方面不断进行培训、锻炼,对其加以研究,并付诸实践。

## 不要误闯管理雷区

管理是有雷区的,作为企业管理者在平时的工作中,应重点注意下面的问题。

1. 不要将经营部门与企业家和创新部门混合在一起。永远不要将创新项目放到现有的管理部门当中,也绝对不要让负责现有业务运营、开发和优化的人员来承担创新任务。

如果一个企业不彻底改变其基本政策和实践方法,就想取得创新,成为具有创新精神的企业,这是不现实的。事实上,这是注定要失败的。兼职的企业家取得成功只是例外。

在过去 10 ~ 15 年的时间里,许多大型美国公司曾尝试与企业家联合组建合资公司,但是没有一个能够最终获得成功。一方面,企业家发现自己受到政策、基本规则和官僚主义、守旧以及保守"氛围"的影响。另一方面，其合作者——大公司的管理者却无法明白企业家要做些什么，无法理解他们的行为，只是认为这些企业家都缺乏训练、太狂妄自大，并且不切实际。

从总体上来讲，大公司要想成功地成为企业家企业，只有充分利用它们本公司的人来承担这种创新项目。公司与新项目的负责人必须相互了解，公司必须足够地信任他；反过来，他也要知道如何在现有企业中进行创新。换句话说，任用能够以合作伙伴身份工作并懂得创新的人才会成功。但是，其前提是整个公司上下都要有企业家精神，他们希望创新并愿意为之付出努力，而且把创新看成需求和机遇。也就是说，整个组织必须"渴望新事物"，并为之奋斗。

2. 如果脱离已有的业务领域，即使努力创新，也很少有人会成功。无论多元化有多少优点，它都不能与创新和企业家精神混为一谈，因此创新切忌"多元化"。新事物的发展往往充满艰辛，而且有可能被颠覆。对我们来说，从事自己不熟悉的领域是很难获得成功的。对于现有企业的创新，一定要立足于自己的专长，包括具备的市场知识和技术知识。凡是新事物，将来肯定会出现各种各样的问题，这就是我们熟知的"新事物发展的路途上充满荆棘"。所以，企业必须充分了解所从事的创新活动。除非"多元化"与现有事业有共同的知识（无论是市场方面还是技术方面的知识），采用"多元化"才有可能促使创新成功。即使是这样，正如我在其他著作中讨论过的，"多元化"仍有它自身的问题。如果公司除了解决实践企业家精神过程中所要面临的困难和要求，还要解决"多元化"带来的困难和要求，那么后果将不堪设想。因此，企业只能在自己熟悉的领域开展创新活动。

3. 最后需要注意的一点就是：不要试图通过收购小企业来实现自己企业的创新，因为那几乎没有任何成功的可能性。除非进行收购的公司愿意并能够在相当短的时间内向被收购公司提供管理者，否则收购极少会有所成效，因为被收购公司中的管理者任职时间一般都不会太长。如果他们是所有者，那么他们现在已经很富有了；如果是职业经理人，除非新公司提供更好的发展机会，他们才有继续留任的可能性。因此，在一两年的时间内，收购者必须向被收购公司提供管理者。当一家非企业家企业收购了一家企业家企业时，做到这一点就显得尤为重要了。新收购公司的管理者很快就会发现他们很难与其总公司的管理者共事，反之亦然。迄今为止，通过"收购"进行创新的例子没有一个是成功的。

在日新月异的时代，一个企业要想具备创新能力、抓住成功的机会，并且要蓬勃发展，就必须将企业家管理植入自己的管理体系。它必须采用一套政策，建立一套机制，使组织上下都渴望创新并为之努力。此外，组织还应注重企业家精神及创新的培养。若想成为成功的企业家，对那些现存企业来说，无论规模大小都必须将其当作企业家企业来加以管理。

## 实践，是管理者获得自由的前提

管理实践是管理者获得思想自由、行动自由和选择权的基本前提，思想自由、行动自由和选择权最终指向的是管理的实践行动。

人类在原始先民时代就从"想干什么就干什么的行动自由"中首先尝到了"自由和选择权"的滋味。当行动自由遭到社会或自然界的各种限制，或者说管理学家开始脱离实践、自我禁锢的时候，管理学家就开始从广阔而丰富多彩的组织及其管理世界撤退，退到狭小的具有学术严谨性的解释学圈子或抽象的理论空间，进而开始寻找"自由"的替代品，如柏拉图对话式（seminar）的思想争辩、理论命题的虚构、抽象的数学公式或数学符号模拟。此时此刻，"自由"概念已经变得困难重重、意义不明。一方面，思想自由变成了行动自由的符号性替代物，仿佛是一次虚拟行动自由的"兵棋推演"。另一方面，管理学家在逃避那种遭到自我禁锢的管理实践领域时，变得越来越抽象化，往往表现出一种讳疾忌医的"鸵鸟"心态和思维定式。这就是主张清心寡欲，鄙弃世俗的管理实践，极力倡导回归理性轨道的"犬儒主义"科学管理学产生的根源。

从认识论的角度看，与这种自我认知缺失相关的，是一种盲目，即无视"世界能够从多角度观察，并能够用多种习语（idioms）来描述，或者说无视这样一个事实，即尽管存在多重角度、多种习语，但不存在可用来观察或描述的世界"。这种盲目性，实际上是在假定，把实践环节删去以后，这个世界依然存在。

德鲁克的管理学著述反复说明这样一种观点：自由不是随心所欲，这是因为个人自由与他人自由是相关的。在管理学家介入实践进行选择时，个人与他人就处于共在关系，他人和我一样也是自为存在，也有自由。个人要把自由作为目标，只有把他人自由设为条件才可能做到，也即个人自由应以不破坏他人的自由为前提。

管理实践是一种意识存在的前提条件，既可以被看作管理学思想赖以生存的现实，也可以被看作管理学思想试图修改的现实；管理实践一方面在"服从"管理学理论，另一方面也在"征服"管理学理论。但是，这一切都是在马克思所讲的"直接碰到的、既定的、从过去继承下来的条件"中实现的。这个"条件",就是我们要寻找的德鲁克管理思想的历史境遇。

在德鲁克看来,管理者必须以高度的敏锐性来觉察和分析时代变迁向社会提出的新要求,并以最快的速度向社会、向企业界报告自己的发现,向一线 CEO 们发出警报,提醒他们由于外部环境的变化,企业在竞争中可能遭遇的各种危机。曾经有一家美国公司的经理写信向德鲁克报告说,他的经理班子对德鲁克发表的每一篇论文都要进行反复的探讨,并且总结本企业可以从中获得的教益。对管理学家来说,恐怕再也没有比这更高的奖赏了。毫无疑问,坚持这样做的绝不仅限于这家美国公司和它的经理班子。

事实上,自 20 世纪 40 年代管理学学术研究兴起以来,德鲁克的文章从来都是企业界,特别是一线经理们关注的焦点和对比学习的标尺,他也因此被誉为"美国公司 CEO 们的导师"。

从解决经营管理实践问题和深化学术研究的角度看,要想取得上述成就必须在本专业内做到以下三点:(1)正确地提出问题;(2)提出切实可行的解决之道;(3)与时俱进,在社会进步的背景下重复前两个步骤。

德鲁克在研究管理实践问题的时候,把人、企业和组织放在社会这个大环境中来考察。因此,他能够高瞻远瞩,而他的管理思想不只局限于企业,也不受某个具体组织的限制。例如,类似于《21世纪的管理挑战》这样的著作所讨论的问题,其影响所及远远超过了管理的范围,也远远超出个人和德鲁克的事业生涯。德鲁克说得好:"这本书真正关注的是我们社会的未来。"

专家认为,德鲁克的研究方法是社会实践方法,他善于运用历史语境分析法。在这一点上，可以说德鲁克受马克思、恩格斯和熊彼特等具有欧洲人文科学背景的学者的影响颇深。马克思和恩格斯是东西方学者公认的社会科学的鼻祖，他们开创了社会科学研究方法——社会实践方法。

而德鲁克的老师、自称是马克思弟子的熊彼特也运用了马克思的历史社会方法。而他们在当代的衣钵传人就是德鲁克，或许这也是我喜欢德鲁克的原因之一吧。德鲁克的研究方法完全同马克思等学者一样。德鲁克在剖析资本主义管理的发展时，任何时候都是运用社会实践的观点、立场和方法来分析科学技术的发展，把科学技术作为管理学发展的内在因素来考察。德鲁克同马克思、恩格斯和熊彼特一样，在他的许多著述中研究了科学技术，他的着眼点是考察科学技术与社会生产力、管理要素的变化，科学技术与社会进步及管理变革之间的关系。德鲁克对科学技术研究表现出一种很强的社会实践观。

德鲁克认为，科学技术就是一种在社会经济发展历史中起推动作用的革命性力量，管理学的发生和发展从一开始就是由生产力所决定的，管理学在社会实践中形成，在社会实践中获得了发展，反过来又通过管理来配置各种劳动要素、配置知识（请注意德鲁克的知识配置原则是知识经济时代最重要的一项原则），从而推动社会生产力的发展，最终引起生产和管理制度的变革。可以这样说，德鲁克的社会实践方法为我们研究科学技术与管理、科学技术与生产、科学技术与管理中各种要素的关系提供了一种有效的方法论。因此，简单地将德鲁克归入经验学派，将其研究方法归结为经验主义方法论的做法，是不全面的。应该说，德鲁克开创了管理学社会实践学派和社会实践方法论。

这种研究方法无疑向现代管理学主流范式发起了挑战。这说明，在管理学领域里，即便没有绝对的唯一真理，也有一种对它的追问和商谈。商谈的前提是管理学意义上对权力平等的追求，以及学术意义上对差异性的尊重。这种权力平等表现为管理学家与管理实践者之间是平等的，可以进行有效的商谈；表现为管理学家追求的唯知性目标与管理实践者追求的实用性目标之间虽然存在差异性，但并不妨碍二者之间保持密切的联系，并进行协商对话。在这里，管理学家的思想自由和管理实践者的行动自由既受到约束，也得到了释放。这才是思想自由或者理论研究摆脱个人自说自话的梦呓，转而追求实践意义的目的所在。德鲁克非常尊重他的读者和听众，甚至视他们为同样具有高度智慧与社会阅历的人。

在德鲁克的文章和演讲中，他一律用"我们"取代"我"，以便让他的读者和听众更容易进入他的世界；德鲁克在演讲时，总是站着与听众进行沟通。德鲁克在八十多岁高龄时，由于担心圆弧形教室里有学生看不见他，便坚持站着授课整整三小时，因为他认为他是在和"上帝"说话。

## 管理者怎样避免选择性懒惰

现实中，文科的不学理，理科的对文字工作避而远之，这种在学校曾存在的"偏科"现象，在企业中也有诸多表现。

从事营销的对技术点不感冒，技术人员对市场不敏感。

因为职位的不同而形成的"主管的嘴下属的腿"，说的就是主管和下属各强化岗位要求，致使趋势差别越来越明显，主管能出口成章，但是腿越来越懒。下属因为在话语权上的弱势，有些就慢慢懒于动脑，懒于发言，只带着耳朵听命，带着腿复命了。

有些管理者管理风格因简单而粗暴，顺我者昌，逆我者亡，下属的长处不是视而不见，是根本不知道，也懒得去学习了解员工长处的方法，致使先进的管理方法学不到，只会维持简单和粗暴。

这类现象德鲁克统一归称为"选择性懒惰"，这种"懒惰"不是与生俱来的，是因为一个人一旦给自己的强项定位，就会越来越加强其强项，而使其在某方面的弱项遭到忽略，最后的结果使那项弱项成为"惰性元素"。

彼得·圣吉在他的著作《第五项修炼》中，描述了"富者愈富基模"：两个活动同时进行，表现成绩相似，但为有限的资源而竞争，开始时其中甲因得到稍微多点的资源而表现得较好，便占有较多的优势去争取更多的资源，无意中产生了一个"增强环路"，于是表现愈来愈好。而乙陷入资源愈来愈少，表现也愈来愈差的反方向的"增强环路"。在"资源有限"的前提下，给甲多一份资源就相当于给乙少一份资源，一旦人们发现给甲多一份资源后，甲的工作会更加努力，效益更好，而乙会越来越弱势，最后陷入挣扎求生甚至被淘汰的结局。

这种"富者愈富基模"同样适用于人对于自身能力的分配——"强者愈强基模"，每个人身上至少存在着七种智力，即言语——语言智力、逻辑——数理智力、视觉——空间智力、音乐——节奏智力、身体——动觉智力、交往——交流智力、自知——自省智力。这些智力表现在每个人身上各有强弱，当人们有意识地愿意加强某种能力时，他就会变得很"勤快"，自己不愿意干某类事情时，他就"懒惰"得很，甚至会滋生躲避心理，这样日久天长，形成了一个人某方面的强项，也形成了一个人某方面的弱项，这种强弱之分是在一个人主观意识下形成的，所以称之为"选择性懒惰"。

搞清楚这种心态对于我们的工作和管理很有益处，当我们选择一个岗位负责起一份工作，当我们要突破"现在的我"成长时，有些工作是可以根据个人的特长扬长避短的，但有些根本不可能挑选，一个人的弱项恰恰是要完成任务需要克服的最大障碍。这时，我们不能再"选择性懒惰"从而"选择性逃避"——这是你的工作你的饭碗，是赖以生存赖以养家糊口安身立命的职业专业，你不能懒，并且由不得你懒，你必须逼迫自己，激发自己某项能力的"惰性元素"，花大力气在弱项方面"选择性勤快"，完善并强化弱项，调动起"惰性"的积极性以达到完成任务的目的。

有个早期创业者，人本讷言，在得州上一个电视节目，录制时由于结结巴巴，录了很多遍都不成功，口才是他的一个弱项。但做企业需要推销，需要给客户介绍产品，需要把创始人的梦想传输给员工，他就有意识地练习，自己亲自推销太阳能热水器400多台，最后不光他自己讲起来头头是道，并带出大批的"铁嘴"。现在他在大学讲课，虽然比不上其他企业领袖妙语连珠的演讲，但比起曾经的"自己"，已是天壤之别了。

管理者首先应该及时发现和纠偏自身的"选择性懒惰"，另外要把它运用到管理当中，认识到"选择性懒惰"是能够改变的，在某方面不足的员工是可以改变的，有意识地针对员工的弱项制订培训计划，强化训练，并给予员工以"你们能行"的鼓励，从主观意识上改造员工，从而达到团队整体的能力提升。

# 第5章 掌握人才选拔的原则

作为现代企业管理,首要任务应当是人才的选拔。因为企业的可持续发展,要求现代企业培训出具有高素质、强业务、懂管理、会经营、精专业的复合型骨干人才;他们在部门或岗位上起到杠杆和推动作用。所以,关键是如何让他们不断激发出潜力和分享到合理的成果。

## 人事决策是最根本的管理

知识经济时代,人是企业最重要的资产,也是企业可持续发展最核心的生产力。松下幸之助认为,企业经营的基础是人,"要造物先造人"。如果缺少人才,企业就没有希望可言。可以毫不夸张地说,在竞争激烈的市场环境中,人才决定企业命运。因此,在一个组织中,任何决策都不会比人事决策更重要。德鲁克认为,人事决策是最根本的管理,因为人决定了企业的绩效能力,没有一个企业能比它的员工做得更好。人所产生的成果决定了整个企业的绩效。

一个企业要具备非常高的绩效能力,就必须做好有关人的各项决定。这些决定包括岗位安排、工资报酬、职位升降和聘用解雇等。有关人的各项决定将向企业中的每一个成员表明管理层真正需要的、重视的、奖励的是什么。人事决策是涉及人的决策，不仅会影响到做决策的某些人或某个团队，还会影响到所有的经理和管理者。人事决策水平的高低不仅决定了企业能否有序运转，也决定了它存在的使命、价值观以及目标的实现。

"选好一个厂长，就会搞好一个厂；选错一个厂长，就会搞垮一个厂。"这既是常识，又是现实。然而正是这种常识和现实，使国内的很多企业家不敢分权授权，也使企业很难聚集到所需要的人才，他们甚至只相信自己的亲信和"嫡系部队"。企业家的思维局限在这种层面上，企业如何能做大做强呢？还有人认为："找到可用的人实在太难"，"有能力而不忠诚，我不敢用"。说到底，人事决策解决的是组织的用人问题。而在用人问题上，绝不是简单的分权授权问题，也绝不是人的能力和忠诚问题。

1. 人事决策是最根本的管理，其核心是如何选人、如何用人。要想用人，首先要重视人，要有爱才如命、求贤若渴的用人思想。

20世纪30年代中期，美国福特公司的一台电机发生故障。公司所有的技术人员都未能修好，只好从别的公司请来一位名叫斯坦门茨的专家。他在电机房躺了三天，听了三天，然后要了一架梯子，仔细观察了一番。最后他在电机的某一部位用粉笔画了一道线，并写了一行字："此处线圈多了16圈。"结果，把这16圈线拆除后，电机马上运转正常。福特很欣赏斯坦门茨的技艺，并希望他能到福特公司效力，却遭到了斯坦门茨的拒绝。他说："我所在的公司对我很好，我不能见利忘义。"福特说："那我把你所在的公司都买过来。"最后，福特用3000万元买下了斯坦门茨所在的公司。

美国有一家公司，新主管在上任之前，老板总会先送给他们一个木质的俄罗斯套娃木偶玩具。这种玩具是由十个套娃组成，越往里层套娃越小。当打开到最里层的六娃时，只见里面留有一张字条，上面写道："如果我们每个人都雇用能力不如自己的人，那么我们的公司就会很快变成侏儒公司。但是，如果我们每个人都雇用能力超过自己的人，那我们的公司就会变成巨人公司。"言下之意是作为管理者，必须重视人才，而不能压制人才，要把重视人才作为第一重要工作。

2. 企业要用人，就必然要选人，要招聘人。然而很多进行人事决策的管理者并不真正懂得选人。很多人都自认为是优秀的管理者，当管理者以此为前提选人时，就可能犯严重的错误。卓有成效的管理者必然明白，自己不是别人的评判者，不能凭自己的直觉和感悟来雇用员工，必须建立一套考察和测试程序来选人。每个管理者都要清楚，个人的能力总是有限的，不能仅仅依靠个人的阅历和见识来评判人才。因为每个人的行事方式和思维习惯都有局限性，我们固有的惯性思维容易对人形成成见，所以，选择符合你"口味"的人，可能恰恰就是一种错误决定。在选人上，必须采取谨慎、认真而又细致的态度。

3. 用人要用到位，要有利于提高企业的绩效，因此，必须提高人事决策的有效性。德鲁克多次强调，不能把有效和有效率混淆，有效强调的是结果，而有效率重视的是效率。对企业的人事决策来说，效率并不重要，能不能有成果才是最迫切的。

国内很多企业在选人用人方面需要吸取经验教训。海尔集团管理团队很年轻，平均只有 26 岁，但海尔集团在用人的过程中，却很少出现大的失误。海尔集团有自己的一套选人、用人方法和标准，在海尔集团担大梁的也并不都是名牌高校的高才生。太阳神集团喜欢用名牌大学的高才生，从高校到高位，但这却是太阳神发展走弯路的一个重要原因。可见，用人不在于形式，而在于成果，在于有效性。

## 人事决策的步骤

要做出有效的人事决策，需要遵守几条基本的原则，要遵循的重要步骤也只有以下几条。

1. 对任命进行周详的考虑。对职务的描述一旦确立，通常可以长期不变。比如，在一家大型制造公司里，关于分公司总经理这一职位的描述，从30年前公司实行分权化后就没怎么变过。

在第二次世界大战中，乔治·马歇尔在安排师长一职以前，总是先观察未来一年半到两年的时间里，这一职务的工作性质是什么。组建并培训一个师是一种任务；率领一个师去作战是另一种任务；接手一个在战斗中严重减员的师并恢复其作战士气和战斗力，又是一种任务。我们必须针对不同的任务来安排不同的人员。在甄选新的地区销售经理时，负责此事的管理者首先必须了解这项职务的核心内容：是由于当前的销售团队都接近退休年龄而招募和培训新销售人员呢；还是由于公司产品虽然在该地区的现有市场做得很好，但无法打入新出现的成长型市场，而有必要开辟新的市场，以此来扩大市场份额呢；还是由于公司的大量销售收入都来自有25年历史之久的老产品，因而需要为公司的新产品树立市场形象呢？这些完全不同的任务要求不同类型的人来承担。

2. 考虑若干潜在的合格人选。这里最关键的词是"若干"。正式资格是考虑的最低限度，不具备这些资格的候选人自动被刷掉。同样重要的还有，候选人的能力和该项任务必须彼此适合。要做出有效的决策，管理者必须从 3～5 个符合资格的候选人中挑出最合适的人。

3. 认真思考这些候选人的考察方案。如果一个管理者对某项任务进行了研究，他就能够了解一个新人要完成这一任务需要集中精力做哪些事。核心问题并不是"这个或者那个候选人有能力做什么，没有能力做什么"，而是"每个人具有什么样的能力，这些能力是否适合这一任务"。当然，候选人自身的弱点就是一种限制因素，它可以将一个候选人排除出去。比如，某人极为适合技术方面的工作，但是，如果某一任务最看重的是建立团队的能力，而候选人恰恰缺乏这一能力，那么他显然就不合适。

但是，有效率的管理者并不会首先从弱点着手。不能在弱点的基础上衡量其成果表现，因为他们的弱点不能帮助公司提升绩效，只有运用他们的优点才能对公司绩效的提高有所裨益。所以，只有在优点的基础上才能有效衡量其绩效。

马歇尔和斯隆都是非常严厉的人，但他们都知道，真正的重点是完成任务的能力。如果具备这种能力，公司可以弥补其他欠缺的方面；反之，如果根本不具备这一能力，其他方面就毫无价值。举例来说，如果一个师需要一名能够完成培训任务的长官，马歇尔就会寻找能把新兵变成战士的人。一般来说，每个擅长做这项工作的人，在其他方面都存在严重的缺点。有一个人对战术不太在行，对战略更是一窍不通。另外一个人说话不经大脑，做事冲动，又在公众中惹了点麻烦。第三个人虚荣、自大、任性，又经常与上司闹矛盾。实际上这些都没有问题，关键是：他能训练好新兵吗？如果答案是肯定的——尤其当答案是"他是最适合的人选"时，那么这个职位就归他了。

在甄选自己的内阁成员时,罗斯福和杜鲁门都说过这样的话:"不要在意个性上的缺点,先告诉我,他们每个人具备哪方面的能力。"正是由于这样的用人观念,这两位总统拥有了20世纪美国历史上最强有力的内阁。

4. 向候选人以前的工作伙伴征询意见。管理者一个人的判断没有价值,因为我们所有人都会有第一印象、偏见、喜好和厌恶。我们需要倾听其他人的观点。军队挑选将领或天主教挑选主教的时候,大范围的讨论是甄选过程的一个正式步骤,有能力的管理者们则会私下与人讨论。德意志银行(Deutsche Bank)的前总裁赫尔曼·阿布斯(Herman Abs)近年来选用的合格管理者比其他任何人都多,正是他亲自选拔的那些高层管理人员创造了德国战后的"经济复苏奇迹"。他在选拔一个人之前,会找三四个此人的前上司或同事交换意见。

5. 保证被任命者了解自己的工作。被任命者走上新工作岗位三至四个月后,他应当开始把注意力放到工作的要求上,而不是以前任务的要求上。管理者有责任把此人叫进办公室并对他说:"你现在已经担任地区销售经理(或者随便什么别的职位)三个月了。为了在新工作岗位上获得成功,你必须做哪些事呢?仔细想想,一周或十天后用书面形式告诉我。不过我现在就可以告诉你:你目前应该做的事,肯定不是你之前做的那些使你得到这次晋升的事情。"

如果你作为管理者没有做过这一点,那么就不能怪当选人的糟糕表现,只能怪你自己,是你自己没尽到一个管理者的职责。

导致任命失败的一个最重要的原因在于——据我所知,它也是美国管理中最大的浪费——没有彻底地考虑清楚,也没有帮助他人彻底地考虑清楚新工作的要求。这里有一个最为典型的例子。几个月前,我以前的一个才华横溢的学生带着哭腔打电话给我:"一年前,我得到了生平第一个大好机会,我的公司任命我为工程经理,但现在他们要辞退我,可我干得比从前都要好,我设计了三种可以获得专利的成功产品。"事实上,这个学生并未认识到他的工作已经变了,相应的工作任务也要改变。

我们时常会这样对自己说:"我肯定是做对了,要不我就得不到这份新工作。因此,我最好再多干点使我获得晋升的那些事。"这样想很自然。但大多数人并未意识到,一项不同的新工作要求不同的新行为。

回过来,即便高层管理人员遵循了以上所有步骤,但是仍有可能做出错误的人事决策。因为大多数这类决策属于不得不做的高风险决策。

比如,为专业性组织(如一个实验室、工程部门或法律事务所)甄选管理者,就具有很高的风险性。专业人士难以接受一个不尊重其业务能力的人做自己的领导。但是,一个出色的工程师和一个称职的管理者之间,并没有什么必然的联系(除非有反面的联系)。在选择工程经理时,选择范围就应该仅限于该部门技术最高的工程师。同样地,把一个表现出色的业务经理提升到总部的人事岗位上,或是把一个人事专家调动到生产线岗位上,这种做法也不合适。从性格上来说,业务工作者常常不适应人事工作的紧张、挫败感和人际关系;反之,人事工作者也常常适应不了业务工作者所从事的工作。如果把第一流的地区销售经理,提拔到市场调查、销售预测和定价部门,可能会干得一塌糊涂,更别提取得任何成果了。

我们并不知道该如何测试或预知一个人的性情是否适应一个新的环境，只能通过经验来判断这一点。如果把某人从一种工作调动到另一种工作，结果很不成功，做出该决策的管理者必须尽快消除这一调动的消极影响。同时，管理者必须承认："我犯了错，必须对此负责，纠正这个错误是我的工作。"把不适合的人留在他们无法胜任的岗位上，这不能叫友善，而是残忍。当然，也没有必要一定要辞掉这个人，一家公司总能为出色的工程师、洞察秋毫的分析师、优秀的销售经理提供最合适的岗位。最合适的行动（大多数时候都能行得通）是将这位不合适的人调回原先的工作，或是性质类似的岗位上去。

有的时候，职位本身的问题也会造成人事决策的失败。这可能就像150年前一位新英格兰船长形容的那样，是"寡妇制造者"。一艘快帆船，不管设计得多么漂亮、建造得多么好，一旦它开始碰上各种致命的"意外事故"，船主往往不会重新设计或修复这艘船，而是应该把它尽快拆掉。在快速成长或发展的公司里，常常会出现"寡妇制造者"式的职位，也就是说，连非常出色的人也必定会在上面栽跟头的工作。比如，在20世纪60年代和70年代初期，美国银行的"国际副总裁"这一职位，就变成了"寡妇制造者"式的职位。这曾是一份很轻松的美差。实际上，长期以来，这都是一个银行安置落选者并期待他们干出一番成绩的职位。可是突然之间，一个又一个新上任者在这份工作上折戟。事后看来，其原因来自当时国际活动迅速而又毫无征兆地成了各大银行及其商业客户日常业务不可分割的组成部分。这样，一份原本轻松胜任的工作，突然变成了一件没人干得了的"非人工作"。如果一个职位连续让两个从前工作表现很好的人栽了跟头，无法胜任，那么这个职位就是"寡妇制造者"。发生这种情况时，一位负责任的管理者不应该再去找什么举世无双的天才，因为这个时候几乎不能找到一个胜任该职位的人。所以，应该果断地取消这个职位。凡是一般能力出色的人无法胜任的工作，都不适合安排其他人去干。除非做出某种改变，否则它会像挫败前两个人那样，轻松地把第三个人挑落马下。

合理管理一个组织的根本手段就是做出正确的人事决策。这些决策可以表明该组织的管理是否出色，它的价值观是什么，以及它是否相对认真地对待自己的工作。无论管理者付出多大努力，想要保住自己决策的秘密都很困难，也无法掩盖他们所做的人事决策，因为它们太显眼了。但是一些人仍在努力地进行这方面的尝试。

管理者常常没有一个判断战略性行动是否合理的标准。况且他们也不一定对这样的事情感兴趣："我不知道我们为什么要收购这家澳大利亚的企业，反正它也妨碍不了我们在沃斯堡的正常工作。"这是一种经常出现的态度，但同一位管理者要是说"乔·史密斯被任命为XYZ分公司的主管，一些管理者通常会比高层管理人员更了解乔"，这些管理者会说："乔早应该得到这次晋升，选择他再合适不过了，该分公司正需要他这样的人来管理，只有他的到来才能实现该分公司迅速发展。"

可是如果乔获得这次提拔是因为他擅长政客手腕，那么每个人都会轻松得知这一内幕，而且他们会在私下这样说："看看吧，这就是这家公司的经营之道。"他们会因为上司迫使他们钻营结党而轻视管理者，最终，他们要么拂袖而去，要么也变成了耍手腕的政客。

我们很早就知道，组织里的人会模仿那些获得奖励的人的行为。要是奖励落到那些不干实事、阿谀奉承、耍小聪明的人头上，整个组织也会迅速堕落到不干实事、阿谀奉承、耍小聪明的深渊里。

总之，不考虑怎样才能做出正确人事决策的高层管理人员及所有管理者，不但会损害自己的工作表现，还会危害到整个组织的威望和尊严。

## 人才战略，让平凡的公司不平凡

人事、人力资源、人力资本这三个概念在不少企业的人力资源部门已经流传多年，到底它们的界定标准是什么？是不是凡是有个部门叫人力资源部的，那它们的工作就是人力资源的工作，而凡是叫人力资源战略的方案，就是肯定与战略相关？

所谓人事管理工作，就是指以人事档案管理为主的工作，当然还包括工资、招聘、调动等其他相关的基础性工作，这个阶段的工作是以对人的单向管理为主。

而人力资源是指将人作为一种可开发的资源来对待，人是可以开发的，是有潜力的，而不是单单管理好就行了。

人力资源主要从人也可以作为一种资本考虑，强调人具有资本的属性。

现在有很多公司的人力资源处都改成人力资源部了，但工作和观念还是换汤不换药，只不过是用一个新的名词来代替旧的工作而已，其主要管理职能及定位还是停留在以前的人事管理工作，现代人力资源的开发职能基本没有，如培训开发体系、晋升体系、职业生涯规划等。

人力资源战略的概念就更加广泛了，很多公司到现在也不明白到底什么样才算是人力资源战略，是不是按照战略的框架组织一下文字，再填上一个 SWOT 分析表就是战略了？形似神不似。

德鲁克认为，判别一个人力资源是不是战略性的，可以有两个标准：一是在公司总体战略安排上，是否将人力资源作为一个支撑战略来看待；二是在公司战略实施过程中，人力资源工作是否成为战略实施的主要体系之一。这两个标准是最基本的，如果不符合这两个标准，说什么将人力资源当作战略纯粹是说好听了而已。为什么？

因为人力资源战略从公司战略层面分析属于职能层战略，它是支撑公司战略的子战略，如果公司总体战略安排上根本就没有提及或很少提及人力资源战略在其总体战略中的位置，那么人力资源最多也就是作为一项传统的管理职能而已。

公司战略与人力资源的接口在绩效管理体系，公司战略实施的主要途径是年度经营计划，在年度经营计划中必须确定公司年度战略目标体系，目标体系是通过人力资源部的绩效管理体系来实施的，它通过配合战略管理部的战略实施及调控体系，这两大体系就构成了公司战略的运行体系。如果人力资源没有在这两大体系中起作用，甚至说公司战略制定与运行人力资源部都同资格参加，那这个公司人力资源还停留在人事工作的层面上。

在人力资源战略的整体布局中，不同公司对人力资源管理流程的划分是不一样的。例如招聘与录用，招聘录用和人力资源规划是必定相关的，没有人力资源战略，哪儿来的人力资源规划，没有人力资源规划，就只能是今天需要什么样的人就招聘什么样的人，临时抱佛脚。因此，许多公司的人力资源基本是短期行为居多。

# 第6章 有效的决策

> 决策就是判断，就是在一些不同的可行方案中做出一种选择。我们所说的选择，在一般情况下，并不是指"是"与"非"之间的选择，这充其量也只是"大概是对的"与"也许是错的"之间的选择。而通常遇到的却往往只是两种不同行为方案之间的选择。

## 德鲁克论述决策和决策者

在阐述决策与决策者的关系之前，请看一个例子。热内瓦·奥夫霍尔泽（Geneva Overholser）认为，报纸应该更好地为妇女、少数民族及年轻人服务。自从1988年年底离开《纽约时报》成为《德·莫尼斯年鉴》的编辑以来，她已做了一系列的决策以实现这些目标。她鼓励职员写有关被殴打的农妇、长辈的性虐待、照顾孩子、性骚扰等内容的故事。

热内瓦·奥夫霍尔泽的决策使她的报纸成为头条新闻，而且她的决策被认为是与众不同的。1991年春，她因发表了关于南希·齐根迈尔的文章而获得了"普利策奖"。

德鲁克认为，决策者在组织中起着核心和动力作用，对组织的影响很大。

决策者即决策主体，是决策系统中体现主观能动性的要素，在决策活动中占有特别重要的地位。在特定社会组织的决策活动中，决策者本身已经发展成为一个群体，不再是个人。即使是作为个体存在的决策者，也已不再是仅仅代表其自身的个体，而是代表群体意志的个体。在一项具体的决策过程中，可能会有某一负有责任的个人最后决断，但是个人作为组织中的一员，作为整个组织结构中的一个节点，无论他在组织中的地位如何，他所做的决策都必须代表他所处的群体的整体意志，否则他将被这个组织所淘汰。一个企业的总经理，在指挥企业的生产经营活动时，做出的各种决策，都必须以企业的发展和壮大为目标，否则他将无法使其决策被企业成员所接受，更无法贯彻执行下去。因此在现代社会的绝大多数组织中的决策者往往不是一个人，而是按照一定规则组织起来的一个群体，即决策者之间的相互联系、相互作用所构成的决策系统。

## 管理者怎样进行科学决策

管理者是决策的主人，在整个决策过程中，占主导的地位。当各种备选方案送交管理者手中，面临拍板决策的关键时刻，管理者应怎样进行科学选择呢？德鲁克认为：

1. 要审查各种方案达到目标的程度

实现既定目标是决策的根本目的。择优决策就是从各种方案中选出实现目标的满意方案。如果偏离目标，任何方案都是不可取的，没有意义的。所以，目标是决策的依据，也是检验各个备选方案的标准。

**2. 要综观全局，统筹兼顾，适当安排**

在优选方案时，管理者一定要有全局观点，正确处理方案的各种矛盾，平衡、协调各方面的关系。例如，在估计达到目标的结果时，既要考虑经济效益，又要考虑社会效益。在权衡方案的利弊得失时，既要考虑到有利无害、有利有害和有害无利三种情况，也要考虑到在有利有害中又有利大于害、利害相当、利小于害三种状况，以及在有害无利中也有害大、害小之分。在决策权衡中，利大于害当然可取，但在某些情况下，往往是害中取小即为大利。在考虑实施方案所涉及的各方面利益时，要有整体观念，要做到局部利益与整体利益、眼前利益和长远利益的结合。

**3. 对不同类型的决策要有不同的思考原则**

决策按所处的条件不同，主要可以分为确定型、风险型、不确定型和竞争型决策四种，决策者在优选方案时，要有不同的思考原则，区别对待，做不同的考虑和处置。

（1）对于确定型决策，既然结果是确有把握的，决策就是根据已有的情报选择最佳方案。对此，管理者要果断地下决心，竭尽全力去获得最佳的结果。决心不大、措施不力，就会贻误时机，纵然是决定了最佳方案，也会因时过境迁而最后得不到最佳效果，这是确定型决策失误的常见原因。

（2）对于风险型决策，应着重考虑的是：选择最有希望的行动方案；准备相关必要的应变方案，当不测事情发生时，能应变自如或进行补救；留有余地，如作战要有预备队，投资建设要有后备基金；通过试点、实验和追踪反馈等途径，使风险型决策增加确定性因素，使风险型决策转化为确定型决策。

（3）对于不确定型决策，管理者应该注意的是：一要"摸着石头过河"，步子不要太快。切忌刚愎自用，轻率莽撞。二要在试点实验时多方案并进。每个方案都要有原则差异，这样不仅成功的希望大了几倍，而且即使失败，也可积累经验，为今后的成功打下基础。三要把力量集中在信息反馈上。注意收集资料，及时总结经验，以便随时应变。在不确定型决策中，失误是难免的，重要的是发现失误，实事求是地总结经验、纠正失误。

（4）对于竞争型决策，应该注意三点：一是充分了解竞争对手，在自己的工作中，扬其长，避其短。对手之长是客观存在的，无法否认和消灭，但我们也可以学习其经验，使之充分发挥效益。二是要清醒地认识对手之短，巧妙地加以避免。三是充分了解自己，寻找自己的优势。以己之长，克对手之短，是竞争型决策取胜的基本条件。竞争的关键在于及时变换对策，谁抢前一步，谁就取得了主动权。

那么，什么样的决策程序才是科学的呢？科学的决策程序主要分为七个阶段即七个环节，这七个环节是依次衔接、互相联系、不可缺少的。简化和忽略其中任何一环，决策都将受到影响。

① 发现问题

发现问题是领导工作的起点，也是管理者的职责。所谓问题，就是应有现象和实际现象之间存在的差距。通过调查、收集和整理情报，发现差距、确认问题，找出问题的关键所在，从而构成了决策的起点。决策是为了解决现实所提出的、需要解决的问题。没有问题，则不需要决策；问题不明，也难以做出正确的决策。应看到，问题的存在和问题的发现有时并不一致，由于客观事物的复杂性和主观认识上的差异，发现问题并不容易。即使看到了问题，进而要确认它是需要解决的问题，是一件十分严肃的事情。同一事物，有的人认为是问题，有的人则认为不是问题。有的事物，利弊参半，也为我们确认问题增加了难度。

② 确定目标

问题发现以后，就要确定目标。所谓目标，是指在一定的环境和条件下，在预测的基础上所期望的结果。目标是决策的基础，没有目标，就无所谓决策，而目标选择的正确与否，则直接关系到决策的成败。

但是，目标的确立不能是随心所欲的。一般来讲，它有四个特征。一是单一性。目标是单一的，只能做一种理解。二是定量性。目标的成果或程度是可以计量的。三是明确性。设立目标必须具体明确，目标应当是可以计量成果、规定时间、确立责任的。四是目标必须区分主次。当决策目标不止一个而是多个的时候，管理者就要权衡轻重，列出先后次序，分为"必须达成的"和"希望达成的"目标。

③ 拟订方案

拟订方案就是寻找达到决策目标的有效途径。途径有效与否，要经过比较才能鉴别，因此必须拟订多种可供选择的方案。而且多个方案之间必须有原则的区别，而不只是细节上的差异。在拟订方案的过程中，应广泛采用各种智囊技术，例如"头脑风暴法""哥顿法""对演法"等。这些方法尽管各有不同特点，但总的要求是尽可能开发创造性思维的方法，鼓励和推动新观念与创造性见解的涌现。

④ 分析评估

制订出各种可行方案之后，接下来就是分析评估，选择一个最有利于实现目标的方案。对所拟订的各个方案，都应从定性和定量两方面加以分析评估。定性分析主要是直接利用人们的知识、经验和能力，根据已知情况和现有资料，对决策方案做出相应的评价。对一些受社会经济因素影响较大、所含因素错综复杂而多变、综合性较强的战略决策，定性分析有其极为重要的作用。但这类方法往往主观成分较强，论证不很严密，需要用定量分析方法做补充，两种方法结合起来应用。在分析评估的基础上权衡、对比各方案的利弊得失，并将各种方案按优先顺序排列，提出取舍意见，送交最高决策机构。

⑤ 方案选优

选择方案，是决策过程中决定性的一环。这个工作应当由决策者来完成。在这里，决策者通常依据经验、实验和分析，去做最后选择。在对各种备选方案的权衡中，并不一定各个指标都优的是最好的方案，往往是主要指标较好而能兼顾其他指标的方案是管理者所要选择的方案。此外，在选择方案的过程中，管理者要认真听取各方面的不同意见，包括一些尖锐的反对意见。因为不少好的方案是根据对立的观点提出的。高明的管理者往往不是在众多方案中选取一个方案、舍弃其余方案，而是善于摄取各种方案的优点和长处，综合出一个最佳方案。

⑥ 方案实施

制订决策方案的最终目的是贯彻实施，实现预定目标。所以，决策制定以后，开始进入实施阶段。当方案选定以后，必须进行局部性试验，以验证其可行性与可靠性。如果试验成功，就可以普遍实施。在普遍实施的过程中，要做好四项工作：一是编制具体实施计划，把决策方案具体化；二是组织动员群众力量，调动群众的积极性、主动性和创造性；三是落实责任，建立严格的责任制；四是建立检查监督制度。

⑦ 追踪决策

在决策的实施阶段,由于外部情况的急剧变化,或者由于决策本身的严重错误,原有决策方案在实施中已表明脱离实际,甚至危及决策目标的实现时,就必须对原有方案进行根本性的修正,对此我们称为追踪决策。因为决策是人做的,人的错误总是难免的,再高明的管理者,也有失误的可能。因此,在进行追踪决策时,管理者要有一定的勇气,敢于承认现实、正视现实,克服阻力,尽可能地减少失误、弥补损失。

按照上述程序进行决策,是现代科学决策的重要方面,实践证明,违反了科学决策的程序,就要犯错误,走弯路。企业管理者应引以为戒,重视对科学决策程序的学习和研究。

## 决策妙招:定量决策

定量决策方法是运用数学工具、建立反映各种因素及其关系的数学模型,并通过对这种数学模型的计算和求解,选择出最佳的决策方案。在德鲁克看来,决策中所要解决的问题,普遍存在着量的关系。在决策中,对决策对象不仅要进行定性分析,而且要掌握数量关系。这样,才能使决策真正建立在严密的科学论证的基础上。

定量决策方法主要包括:运筹学方法和价值分析方法。

1. 运筹学方法

运筹学是应用数学的一个分支,它是研究在物质条件(人、财、物)已定的条件下,为达到一定的目的,如何统筹兼顾整个活动所有环节之间的关系,制订出有数量依据的、最佳的方案。运筹学方法被广泛运用于管理决策中，是决策的一种有力工具，在决策实践中显示了重大的作用。

运筹学应用数学手段，在解决各种不同类型问题的过程中，形成了一些具有不同功能的方法，如规划论、对策论、排队论、网络分析、投入产出法等，用以解决各种不同性质和特征的问题。

（1）规划论

规划论包括线性规划和动态规划等。线性规划是以线性方程式和不等式为手段，主要解决两类问题：一类是当一项任务确定后，如何统筹安排，从而做到用最少的消耗去完成这一任务；另一类是在已有的人力、物力等资源的条件下，如何合理分配与使用有限的资源，如何有计划地生产最多的产品。这两类问题都是寻找如何从总体上实现最优化，获得最大效益的问题。动态规划是解决多阶段决策过程最优化的基本方法。它是将一个复杂的各阶段决策问题，分解为若干相互关联的较易求解的子决策问题，以寻求最优决策序列的方法。

（2）对策论

对策论又称博弈论，它是研究带有对抗性质的对策模型。在已知竞争或对抗的各方可能采取的策略，而不知其如何决策的情况下，寻求收益最大或最小的数学方法。对策论还可用于解决系统内的冲突，即在系统内各部分的最优方案相互排斥、相互对抗的情况下，通过运用数学模型寻找使各部分互相协调配合的最佳方式。

（3）排队论

排队论是研究排队现象的统计规律性，寻求系统的最优设计和最优决策的方法。管理活动中存在着大量的排队现象。比如，纺织工人看管织机，看管的台数越多，工人的效率越高，但是看管得越多，若织机发生故障，则等待修理的时间越长，又使织机的利用降低。又如城市交通中某线路的公共汽车的数量、商店某柜台的营业员数等，都需要利用排队论来解决服务的最佳设置数量。

（4）网络分析

网络分析是利用图表模型找出最优或接近最优的工作顺序和资源利用的方法。它是利用网络图来描述系统各要素之间逻辑关系或定量关系，如组织中各层次间的关系，工程上时间顺序的先后关系等。编制网络图有四个主要步骤：首先，要详细分解实现规划所必需的一切工作、阶段、任务和各项活动；其次，根据技术条件和组织条件确定工作的执行顺序，并且查明对工作顺序发生影响的一切制约条件；再次，对执行每项工作、每项措施等做出时间和价值的评价；最后，用若干点和连接这些点的线组织网络图，通过计算比较各种方案的结果，从而求得最佳方案。

（5）投入产出法

这种方法是研究经济各部门各种产品的生产和消耗之间数量依存关系的一种数学方法。所谓投入，是指在组织物质生产时需要消耗的各种原材料、燃料、动力、固定资产折旧以及劳动力等。所谓产出，是指各种物质生产部门生产出的产品或生产性服务。投入产出法是在一定经济理论指导下，通过编制投入产出表和建立投入产出模型，反映系统内各要素之间直接与间接的联系及其变化的规律性。由于投入产出法为人们提供了一个从最终产品出发来确定各部门生产量的数量模型，因而能清楚地告诉人们如何谋求整个系统的协调平衡；又由于它定量地揭示了系统内各部门之间的变化情况，从而为决策提供数量上的依据。

运筹学方法的运用，一般都要经过这样几个步骤。

①把问题用图表或公式表示出来。图表、公式是现实问题的逻辑表现，表征着有关变量之间的相互关系，图表、公式又是现实问题的抽象表现形式。它通过分析抽象，着重于抓住主要的因素、主要的关系，从而使问题简化。进行简化是为了便于计算。

②尽量把问题中的各种因素用数据来表现，对于某些不确定性因素，应尽可能运用统计方法取得其参数估计及其概率，从而使在不确定条件下的问题能进行计算。

③运用数学方法求解。先是寻求把一个相关的复杂系列变成能够求解的数学形式，然后用不同的数值代入公式进行试验，对结果进行分析，并据此制定出一组能得到最优解的数值。

④对模型进行试验和修改。把通过模型求解所得的结果与实际情况进行比较，检查其是否符合现实过程，对暴露出来的缺陷进行修改，使之完善。

运筹学是科学决策的有力工具，为决策定量化开辟出了广阔的前景，并使计算机对决策问题进行分析和判断成为可能。但运筹学方法也不是决策的万能工具。这是因为在决策中，常常会遇到一些非常困难的问题，变量之多、关系之复杂，以致很难完全用数学方式来表现。

2. 价值分析方法

价值分析法是用价值大小的比较来评价决策方案优劣的方法。所谓价值是指人们在从事活动时，其耗费和取得的成果之比率。人们要想取得某种成果，总要付出一定的代价，如买一件东西，要付出一定的钱；生产一件产品要花费一定的劳动时间。所以人们常常要盘算,"合算不合算""划不划得着",并力争用较小的耗费取得较大的成果。买东西要价廉物美,生产某种产品要降低成本提高产量和质量。

价值分析的基本步骤为:

第一步,功能分析。功能分析就是科学地确定产品或零部件必要的功能,弄清各类功能之间的关系,适当调整功能比重,使产品的功能结构更加合理。

第二步,制订改进方案。也就是提出若干改进的设想,逐步使其完善和具体化,形成几个在技术上和经济上完善的方案。在制订方案时,要树立改进是无止境的信念,敢于打破旧观念、旧框框和原有的束缚,从各个角度审视问题,提出设想,进行规划设计。

第三步,在形成几个方案的基础上,要对每个方案进行分析和评价,从中选出最佳方案。首先是对方案进行初步筛选,把一些明显的希望不大的方案先行排除,然后进行详细评价,即对剩下来的方案做进一步具体化分析、评价,最终找到最佳方案。有时,会遇到几个方案各有千秋的局面,这就需要另创新的方案,以便把几个方案的优点长处都保留下来。在分析评价时,主要着重于技术方面、经济方面和社会效益方面。在技术方面,主要是看方案能否实现所需要的功能及其所实现的程度;在经济方面,主要是进行以成本为主体的经济可行性分析;在社会效益方面,主要是分析和论证给社会带来的利益或影响。在上述三方面进行评价的基础上,可采用直接打分法、加权评分法和成本分析法等,对方案的价值大小做出综合评定。

# 个人篇

# 第7章 要学会卓有成效

假如有效性是人类的一种天赋,就像音乐天赋和绘画天赋一样,那事情可就糟了,因为天才总是少之又少。于是我们不得不及早发掘潜在的有效人士,培养他们,让他们发挥自己的才干。但即使这样,我们恐怕也很难发掘到足够的人才,以满足现代社会的需要。说实话,如果有效性只是人类的天赋,那么我们今天的文明即使尚能维持,也肯定是不堪一击的。今天的大型组织的文明,所依赖的是大批具有一定有效性而且可以担任管理者的人。

## 管理者应加强气质修养

毋庸讳言,在当今世界上,有两种人:一种是领导者、管理者;另一种是追随者、被管理者。当你初涉人世,开始工作的时候,就首先要做出决定,你是要在所从事的行业中做一个领导者、管理者,还是做一个追随者、被管理者。这两者的区别是很大的。一个追随者、被管理者,不可能有理由期望得到和领导者、管理者相同的人生补偿,尽管我们生活中有许多人错误地毫无希望地期望着同样的人生补偿和报酬。

做一个追随者、被管理者没有什么不光彩的地方，但是，我们要清楚地看到，做一名追随者、一名被管理者绝对不会有什么名望，成功的典籍里甚至也不会有你的名字。

这就是我们的世界，虽然听起来很不公平，然而它却实实在在地存在着，而且还要继续存在下去，直到永远。

但是，做一个追随者、被管理者并不是完全无望，因为大多数领导者、管理者他们一开始的时候也是和我们一样是以一名追随者、被管理者的身份出现的。他们后来之所以能够成为杰出的领导者，是因为他们开始的时候是一个聪明的追随者、被管理者。如果他们一开始的时候不是非常的聪明，以后是不可能成为有能力的领导者、管理者的。聪明的、能够有效地跟随领导者的人，往往是能够最快发展为有领导和管理才能的人。

同时，这也可以通过我们不断地学习而获得，学习领导者、管理者身上的特质。

下面这些就值得你好好学习和研究，如果你想成为一个领导者、管理者的话。

1. 毫不动摇的勇气。这是根据本身和职业的知识形成的。没有一个追随者愿意接受缺乏自信和勇气的领导者的指挥，没有一个聪明的追随者会长期受这样的领导的指挥。

2. 良好的自制力。不能控制自己行为的人永远不能控制其他人。自我控制为追随者树立了榜样，他们会更聪明地尽心效仿。

3. 强烈的正义感。没有强烈的正义感，任何领导者都不可能指挥和获得下属的尊敬。

4. 坚定的信心。犹豫不决、首鼠两端的人显示，他不能肯定他自己，也不能成功地领导他人。

5. **具体的行动计划**。一个成功的领导者首先要计划好他的工作，并按照计划进行工作。这是衡量一个领导者、管理者的重要标尺。

6. **奉献精神**。一个领导者需要奉献，他干的工作要超过他要求下属所干的工作。

7. **迷人的个性魅力**。没有一个懒懒散散的人能够成为领导者。领导者需要受到尊重，但追随者不会尊重和听从一个档次不高的领导者、管理者。

8. **同情与理解力**。成功的领导者必须同情他的下属，另外，他必须理解和懂得他们的苦衷与各种困难。

9. **责任感**。成功的领导者必须有愿意为下属的缺点和错误承担责任的勇气。如果一个领导者只是在推卸他的责任，他就不会是一个出色的领导。

10. **协作精神**。一个成功的领导者必须懂得和运用合作力量的原则，并能与下属产生默契。领导者需要力量，而力量是合作的产物。

11. **果敢和决然**。领导者的一项必备的条件是具有快速决断的能力，即使在一件微不足道的小事上也是如此。

12. **善于与下属沟通**。沟通是一个人向另外一个人传递信息并获得理解的过程，领导每天依靠沟通来发布命令和指令，建立起一种集体意识并回收反馈的信息。领导必须在下属、员工、其他领导和组织外围重要团队之间保持沟通，使自己成为一个联系上下左右的枢纽，这有助于提高办事效率。

13. **激励和表扬下属**。有时候冷酷和严肃的鼓励往往适得其反。在这时，你使用正面的激励法，主动地鼓励和表扬你的下属，那么，你就取得了成功。

14. 敢于冒险的能力。在不确定的环境中，一个人的冒险精神是最稀少的珍贵资源。克服不确定性、信息不完善性的最佳方法，莫过于自己的组织内部有一位具有冒险精神的战略家，也就是领导者。

15. 创新意识。除非一个领导能时时带给大家新的观念、新的刺激，否则你们的团队难以有进步和发展。要是领导者满足于现状，下属们也自然会变得随遇而安，而这样只会导致团队的退步。

16. 远大的目标。你、你的组织和团队现在的情况并不重要，你们将来要获得的成就才是最重要的。一个领导者，除非他对未来有理想、有远大的目标，否则他和他的团队将会一事无成。

一个领导者，具有了我们上述的这些还是不够的，但上述的种种特质却是必须具备的。如果你发现自己缺少上述某种特质，你恐怕就不会成为一个优秀的领导者，除非你从现在开始就努力地培养自己这些方面的能力和素质。而如果发现你的领导并不具备这些能力和素质，那么，你最好的选择是尽快地离开他和他的组织，否则，你在这里很难获得你所需要的东西。

当一个追随者并不是一件可耻的事情，然而，我们却要看到，如果你总是想停留在一个追随者的境界，这也并不是一件光彩的事情。你、我、他，通过训练自己，都可以成为出色的领袖人物和出色的管理者。

你随时都应记住：领导才能和管理素质都是可以培养的。

展示你的忠诚，换取部属的忠诚。

管理者一般都希望部属对组织有一种强烈的忠诚感。忠诚是相互的。如果管理者很好地对待部属，就能够得到部属的这种忠诚。对一个企业而言,如果经理期望部属对自己忠诚,他就必须对部属忠诚。对部属忠诚意味着要尽可能地避免裁员,意味着在他们与顾客和供货商打交道需要管理者帮助时,管理者要给予支持;对部属忠诚包括在员工犯了"正直"的错误时,只要不是故意的,就不要解雇他们或对其进行严厉的纪律惩罚。

忠诚意味着当部属在生活中遇到麻烦时给他们适当的支持。如通过加薪或提供特殊假期等方式帮助部属走出生活中的困境。

### 聚集自己的管理智慧

没有人天生是领袖,没有人天生就具有出色的管理才能。领袖的素质和管理才能是通过后天的努力和学习得来的,它是可以通过培养获得的。

一个人事业的发展,与他的"领袖气质"和出色的管理能力是不能分开的。因为这种素质和能力能够使你做出你本来不会做或无法做的事情。

那么,究竟怎样培养我们的领导才能和管理才能呢?也就是说,如何使别人乐于和我们合作,支持与帮助我们的发展呢?

要做到这一点,你必须成为一个受别人欢迎的人。

要让自己成为一个受欢迎的人,一味地取悦别人并不是最好的方法,关键是要培养你的特质。

从下面这几方面入手,可以使我们尽快地培养起自己的领导才能。

1. 跟那些你想去影响的人交换意见。这是使别人比如你的同事、朋友、顾客、员工依照"你所希望的那种方式"去做的秘方。具体的做法是:(1)要考虑并且体谅别人的处境。换句话说,就是你要设身处地地为别人着想。别人的兴趣、收入、智慧与背景等，都跟你大不相同。（2）你可以问自己："如果我是他，这件事情应该怎样做才好呢？"（3）实行"如果我是别人，别人会让我怎么做"的那种行动。

2. 考虑问题尽可能周到，处理事情的时候要多思考还有哪些不符合人性的地方。人人都用自己的方法来领导别人，但是总有一种最好的、最理想的符合人性的方法。

3. 腾出一点时间和自己交谈、商量或从事有益的思考。领导人物都特别的忙碌，每天都要花许多时间来单独思考。无法忍受孤独的人，竭力使自己的大脑中一片空白，他们尽量避免动脑筋，在心理上已经被自己的思想吓坏了。这些人会随着岁月的流逝而变得心胸狭窄，眼光日益短浅，行为也会变得幼稚可笑，当然不会有坚韧不拔、沉着稳健的作风。忽略了自己大脑思考能力的人不可能成为一个出色的管理者和领导者。

领导阶层和管理阶层最主要的工作就是思考，迈向领导之路的最佳准备也是思考。因此，希望你每天都能抽出一定的时间练习合理的单独思考，并且往往朝着成功的方向去思考。久而久之，你就会发现，你已经培养起了你的领导气质、管理者的才能。这时候，你距离成功就越来越近了！

## 掌握效率工具

一家大工厂接到大量订单，他们急于把产量从每月 13 个单位（当时普遍的最高水平）提高到每月 23 个单位，而且必须在 10 个月内完成。

这家工厂的经理能力出众，却是一个观念守旧的人。尽管他已经掌管这家工厂多年，却只知道用一种方法来提高生产效率，即增加设备和雇用更多的人。为了达到 23 个单位产量的要求，他提出要增置价值 50 万美元的设备。即使这项投资是可行的，并且能顺利地通过讨论和决议，也至少得花一年甚至更长的时间来安装新设备。所以这个方案根本不能解决问题。

在老板要求增加产量，经理则要求增置设备的尴尬局面下，两名经验丰富、高效能干的管理工程师对工厂做了一番调查，并提交了一份长篇报告，其中结论性的内容如下：

您的工厂由一个大机械车间、一个锅炉车间、一个装配车间、一个冶炼车间和一个铸造车间组成。我们深入调查了每个车间的情况，并向车间经理、主管、各个领班及许多工人咨询和请教过，我们可以断言，不需要增加任何人手和设备开支，保持现有人员的岗位职责不变，只需对生产方式做一些轻微的调整，工厂的产量就可以提高 60%，相应工资成本的增加也不会超过 10%，而且这些目标完全可以在六个月的时间内逐步实现。

要实现这一目标，必然要采取一些新的组织原则。这些原则最终被经理层所采纳和应用，其效果在 10 个月后，也就是 1908 年 5 月 1 日，从一位经理寄往纽约的一封信件里便可以看出来：

您听到这些肯定会感到高兴的：我们 4 月的产量与上个财政年度的月平均产量相比增长了 69.2%；日平均工作时间由以前的 10 小时缩短为 9 小时；支出成本减少了 15%，也就是每月比去年同期减少了 8000～10000 美元。

这两个高效率的工程师后来被邀请到另一家工厂做调查并提出建议。他们的意见再次得到了采纳，并通过组织改造而付诸实施，产生了良好的效果。

不难想象，这两个人还可以从遥远的西部来到东部的工厂，运用他们对工厂运营的深入理解，更好地指导那里的经理和工人。由于拥有一种新的组织管理的知识，他们能够通过这种知识的应用，实现工厂的高效率运营。

现代人和生活在几千年前的古人相比，他们之间的差别并不仅仅是头脑品质上的内在差异，更是外部条件上的巨大差异。一个现代男孩仅用一种枪械就可以轻松地击败身披重甲、手持利剑的古代巨人。

抛开个人、群体和民族的因素来让人们理解某些原则是很困难的，因为很难让他们从个人角度接受自己的能力和技术受到新的挑战这种事实。古希腊的运动员们如果有自行车、汽车和飞机，如果有来福枪的话，可以创造出更好的成绩。不管弓箭手多么善射，箭的射程与精确度是无法和来福枪相比的。来福枪和弓箭的原理不一样，一个手持来福枪的野蛮人比所有穿盔甲的骑士都更具有威胁性。一个现代工厂的经理即使运用一项传统的组织和行事原理管理新工业，也比过去生产线上最伟大的工业天才更具备获得高效率的可能性。从西部来的人大都通晓新的原则，因为他们已经在实践中进行了广泛的应用。他们知道如何设计和运行一种新型的工厂管理模式，这与旧有的模式是截然不同的，这种差别就像来福枪与弓箭、骑自行车与步行、飞行与驾驶汽车、阿拉伯数字与罗马数字之间的差别一样。这些原则在工厂中的运用对有些人而言可能并不显得有多么伟大、激动人心或者是有趣，但对工厂老板、经理、工人及客户们来说可能恰恰正是如此，因为他们是生产的直接受益者。如果得知这些原则是最基本和最普通的，他们一定会产生浓厚的兴趣。在任何时候，高效率都取决于这些原则，没有它们什么都行不通。这些原则已经在其他领域得到了广泛的应用。重要的不是人力、物力、财力、机器或者方式，而是更具效率的某些理论和原则。

罗斯福在挪威大学的演说中讲："世界上有两种成功者，一种是少数的天才，另一种就是做平凡工作比别人好很多的普通人。"

我们希望唤起人们对这些理论和原则的热忱与兴趣，不仅是从工厂经验中（尽管这是一种十分必要的实践检验），更要从近代历史中来展示出它们的威力。那好，我们可以从头谈起，追随着人类的脚步，从史前文明到封建王国的兴衰，一直到工业时代。

如果从近代历史中研究和总结一些最简单的例子，就可以达成这样的共识：这种全国性的低效率、全国性的浪费，国家对现在以及将来的物质、人力及机械资源的浪费，完全是可以通过某种方法进行弥补的。这也正是对效率原则和组织模式最恰当的描述与介绍。

对普鲁士国王威廉信任的两位领军人物首相俾斯麦和凡·默特克来说，只有一条路可以实现他们的梦想，那就是：

1. 一个坚定的计划或理念，一种标准。

2. 一种组织形式——这种形式能通过运用原则来实现并坚守理念。

3. 通过运用人员、资本、物资、机器、方法及原则，使组织形式得以实现并坚守理念。

4. 能干且强有力的领导人，让组织和设施得以实现并坚持这些理念。

无论承认与否，上述做法和效率法则是具有普遍意义的。

生命其实就是一种理念：身体就是组织；眼睛、耳朵、嗅觉、味觉、触觉、手、足、牙齿、衣服、住所、武器都是可支配的设施；大脑则是领导者，是指挥官。

两个领导人的理想就是建立起强大的德意志帝国，普鲁士和威廉国王就是它的领导者。他们开始创建独特的组织、军队和外交，开始武装他们的组织，使它们足够强大有力以便实现他们的理想。他们强大的外交攻势把每个对手都置于一种紧张的状态中，军队则随时奉命打垮对手。我们不必关心外交的技巧和产生的结果，在恰当的时候挑起争端同样需要超凡的技巧，而战争每次也是在舒适的夏季展开的。凡·默特克的工作显然更具有难度和挑战性。他无法指望像他的对手一样拥有同样多的人力、金钱、丰富的资源和其他种种物质条件，但他十分清楚，看不见的理论和原则会弥补物资、人力与装备等资源的缺乏，而这些正是那些扬扬自得的对手所认识不到的。

在战争开始之前，甚至在第一次计划中，就已注定是一场高效与无效的对抗。高效的一方，几乎把所有12项原则都运用到军队之中，从而把军队塑造成了一种全新概念的组织。

继俾斯麦之后，凡·默特克同样建议国王，哪怕是遭到人民的反对也要建立军队。他的特殊地位使他能无视宪法的一些约束，国王也授意让他不受干预地实践他的理论和原则。

于是，一场伟大的游戏开始了，与可怜弱小的国家丹麦王国之间的争端率先爆发。1864年，普鲁士邀请德意志最大的敌人奥地利帝国作为对丹麦王国战争中的同盟。丹麦王国的两个省——荷尔斯泰因（Holstein）和石勒苏益格（Schleswig）很快就被侵占。普鲁士占领了石勒苏益格，奥地利帝国占领了荷尔斯泰因。这样凡·默特克就在这场战争中达到了一箭双雕的目的。一方面他牛刀小试地检验了一下自己军队的战斗力，另一方面作为同盟军，他寻找和发现奥地利帝国军队的弱点。1866年，俾斯麦采取了下一步行动，他与奥地利帝国就荷尔斯泰因发生了争执，并于1866年6月14日发动了战争。普鲁士几乎是在挑战整个德意志奥地利帝国，因为普鲁士当时有2200万人口，而奥地利帝国和德意志仅中间地带就有5900万居民。凡·默特克仔细地研究过美国内战的资料，知道哪些是不该做的。在俾斯麦给那些更小一些的德意志联邦国家发出最后通牒，限其12小时内做出决定的同时，凡·默特克便迅速地吞并了他们。

1866年7月3日，宣战后的第一天，普鲁士出动了22.5万人的军队，击败了奥地利帝国26.2万多人。三个多星期后，奥地利人请求停火，战争宣告结束。统领德意志600年之久的奥地利帝国从此将权杖移交给了普鲁士。建立新帝国的整个计划就像一次商业冒险，作为战败国奥地利不得不向普鲁士赔款4000万赛纳尔（Thaler，约合3000万美元），更小的国家则割让领土。另外由于战争起源于奥地利境内，它还不得不支付被征服后占领军的费用。普鲁士吞并了2.7万平方英里的土地。

等到独裁者拿破仑三世醒悟时，一切都晚了。俾斯麦和凡·默特克已经踌躇满志地谋划好了下一步计划，他们要取代法兰西成为欧洲的新霸主。

1870年7月4日，德国王子利奥普德（Leopold）被邀请继承西班牙王位。这也许是俾斯麦计划挑起争端的一个步骤。拿破仑对此不安地来回踱着脚步，并最终决定，法兰西帝国于1870年7月19日正式宣战。据说电报送达时，凡·默特克正在熟睡之中，等被唤醒时，他对来者说道："你可以在我桌子的第三个抽屉里找到整套的作战计划。"然后他翻了一个身，继续睡觉。这非常有可能是真实的，因为从那一刻起，100多万士兵在德国的土地上大踏步前进，一切都按预先的计划和时间表在有条不紊地进行。士兵们来自各个王国和州府，他们离开了家庭，放下了生意，所有的铁路都在运输着他们的装备。没有混乱不堪，没有狂热过头，也没有愚蠢的犹豫。士兵们发现他们的制服和武器早已准备就绪，一切战备物资也已储存停当。因为法国打算用19天的时间进行战争动员，而凡·默特克的计划则是18天，这样就会把战争放在法国境内进行，而不是德国境内。事实上，法国至少需要21天来进行动员，因为他们只有86%的效率，而凡·默特克则有100%的效率。11天中，45万名德国士兵被动员了起来，8月2日，第一场战役打响了。8月6日，仅仅在宣战18天之后，一场更为血腥的战争爆发了。到了9月2日，即宣战后第45天，拿破仑三世和他的军队在色当（Sedan）战败投降，被当作战俘移交给了德国。

令人称奇的不是一个伟大的民族征服了另一个民族，也不是胜利来得如此之快，而是凡·默特克的计划竟然会如此完美，每一天都按计划切实地执行，尽管面临着重重阻挠，尽管敌人和他自己的国家一样强大，同样有大约4000万居民。

普鲁士认为，如果我们把这场上世纪的大师组织策划的战争与我们自己的低效、拖沓以及指挥控制不当的内战相比，结果要么令人沮丧，要么令人忍俊不禁。我们的内战拖拖拉拉，耗时近四年，也因此埋下了40年的仇恨，并引发了一场对外战争，同时给国家带来了沉重的债务负担。这其中的十分之九是无效性浪费造成的。

在美国内战中，作战双方都被自己崇高的理想激励着。南方要捍卫各州的利益，北方则对奴隶制深恶痛绝。但是没有哪一方知道效率 12 项原则中的任何一条，于是，每一方都在盲目地胡乱行动。

凡·默特克知道全部的 12 项效率原则，对他来说，战争是极其严肃认真的一件事，而不是一件轻松好玩的游戏。因为他把这当作一项事业来经营，俾斯麦将战争所花费的每一个便士都算到了法国人头上，他因此得到了 10 亿美元的赔款，还要加上利息，另外还占领了两个省——阿尔萨斯（Alsace）和洛林（Loraine）作为这一次"商业冒险"得到的正当利润。

效率，如同个人卫生一样，是一种状态，是一种理念，而不是一种方法，但是在美国，我们却想从方法中寻求救助。

效率的基本工具不是人力、原料、金钱、机器和方法，而是关于组织和原则的理论。快速改进的希望存在于对过去组织类型的修正和弥补，使之适宜于应用效率原则。

# 第8章 了解自身的优势和价值观

价值观是指个人对客观事物及对自己的行为结果的意义、作用、效果和重要性的总体评价。而职业价值观，顾名思义，就是个人对不同职业进行评价的心理倾向体系，它探讨人们在职业选择和职业生活中，在众多的价值取向里，优先考虑哪种价值，从而影响到我们的职业探索和决策行为。由于个人的身心条件、年龄阅历、教育状况、家庭影响、兴趣爱好等方面的不同，且每种职业也有各自的特性，不同的人对职业特性的评价和取向是不同的，这就形成了个人价值观的差异。这种差异会对人们的工作投入程度造成深远的影响。

## 自我表现要恰如其分

表现自己并没有错。在现代社会，充分发挥自己的潜能，表现出自己的才能和优势，是适应挑战的必然选择。但是，表现自己要分场合、分方式，如果表现得使人看上去矫揉造作、很别扭，好像是做样子给别人看的，那就另当别论了。

吉米是一家大公司的高级职员，平时工作积极主动、表现很好，待人也热情大方，但有一天，一个小小的动作却使他的形象在同事眼中一落千丈。那是在会议室里，当时好多人都在等着开会，其中一位同事发现地板有些脏，便主动拖起地来。而吉米似乎有些身体不舒服，一直站在窗台边往楼下看，突然，他走过去，一定要拿过那位同事手中的拖把。本来那位同事差不多已拖完了，不再需要他的帮忙，可吉米却执意要求，那位同事只好把拖把给了他。

刚过半分钟，总经理推门而入，吉米正拿着拖把勤勤恳恳、一丝不苟地拖着地，这一切似乎不言而喻了。

从此，大家再看吉米时，顿觉他假了许多，以前的良好形象被这一个小动作一扫而光。

在工作中，往往有许多人掌握不好热忱和刻意表现之间的界限，不少人总把一腔热忱的行为演绎得看上去是故意装出来的，也就是说，这些人学会的是表现自己，而不是真正的热忱，而热忱绝不等于刻意表现。在需要关心的时候关心他人，在应当拼搏的时候洒一把汗，只要真诚，谁都会赞许。而不失时机甚至抓住一切机会刻意表现出自己"与群众打成一片""关心别人""是领导的好下属""雄心勃勃"，则会让人觉得虚假而不愿与之接近。

威廉·温特尔说："自我表现是人类天性中最主要的因素。"人类喜欢表现自己就像孔雀喜欢炫耀美丽的羽毛一样正常，但刻意的自我表现就会使热忱变得虚伪、自然变得做作，最终的效果还不如不表现。

许多人在谈话中不论是否以自己为中心，总有突显自己、主张自我的表现，这种人虽说可能被人高估为"具有辩才"，但也可能被认为是"口无遮拦、显得轻浮"或经常想"引人注目"等，他暴露出的自我显示，常使别人产生排斥感和不快情绪。

善于自我表现的人常常既"表现"了自己，又未露声色，他们与同事进行交谈时多用"我们"而很少用"我"，因为后者给人以距离感，而前者则使人觉得较亲切。要知道"我们"代表着"他也参加的意味"，往往使人产生一种"参与感"，还会在不知不觉中把意见相异的人划为同一立场，并按照自己的意向影响他人。

善于自我表现的人从来杜绝说话带"嗯""哦""啊"等停顿的习惯，这些语赘可能被看作不愿开诚布公，也可能让人觉得是一种敷衍、傲慢的官僚习气，从而令人反感。

真正展示教养与才华的自我表现绝对无可厚非，只有刻意地自我表现才是最愚蠢的。卡耐基曾指出，如果只是要在别人面前表现自己，使别人对我们感兴趣的话，我们将永远不会有许多真实而诚挚的朋友。真正的朋友，不是以这种方法来交往的。

优越感要不得。日常工作中不难发现这样的同事，其人虽然思路敏捷、口若悬河，但一说话却令人感到狂妄，因此别人很难接受他的任何观点和建议。这种人多数都是因为喜欢表现自己，总想让别人知道自己很有能力，处处想显示自己的优越感，从而希望获得他人的敬佩和认可，结果往往适得其反，失掉了在同事中的威信。

在人与人的交往中，那些谦让而豁达的人总能赢得更多的朋友。相反，那些妄自尊大、小看别人的人总会引起别人的反感，最终在交往中使自己走到孤立无援的地步。

在交往中，任何人都希望能得到别人的肯定性评价，都在不自觉地强烈地维护着自己的形象和尊严，如果他的谈话对手过分地显示出高人一等的优越感，那么，在无形之中是对他自尊和自信的一种挑战与轻视，那种排斥心理乃至敌意也就不自觉地产生了。

法国哲学家罗西法古说："如果你要得到仇人，就表现得比你的朋友优越吧；如果你要得到朋友，就要让你的朋友表现得比你优越。"这句话真是没错。因为当我们的朋友表现得比我们优越时，他们就有了一种重要人物的感觉，但是当我们表现得比他们还优越，他们就会产生一种自卑感，产生羡慕和嫉妒的心态。

老子曾说过："良贾深藏若虚，君子盛德貌若愚。"是说商人总是隐藏其宝物，君子品德高尚，而外貌却显得愚笨。这句话告诉人们，必要时要藏其锋芒，收其锐气，不可不分青红皂白地将自己的才能让人一览无余。

从另一方面讲，做人还是谦虚一些好，谦虚的人往往能得到别人的信赖。因为谦虚，别人才不会认为你会对他构成威胁。你会赢得别人的尊重，与同事建立良好的关系。

因此，我们对自己的成就要轻描淡写，必须学会谦虚，这样才能永远受欢迎。对此，卡耐基曾有过一番相当精彩的论述："你有什么可以炫耀的吗？你知道是什么东西使你没有变成白痴吗？其实不是什么大不了的东西，只不过是你甲状腺中的碘罢了，价值才五分钱。如果医生割开你颈部的甲状腺，取出一点点的碘，你就变成一个白痴了。五分钱就可以在街角药房中买到一点点的碘，是使你没有住进疯人院的缘由。价值五分钱的东西，有什么好谈的？"

## 居功自傲终是祸

在中国历史上，那种由于居功自傲最终招来杀身之祸的将领不在少数，他们并未战死在拼杀的疆场，而是断魂于自己人的刀下，说来令人惋惜也让人深思。

邓艾以奇兵灭西蜀后,不觉有些自大起来,司马昭对他本来就有防范之心,现在看他逐渐目空一切,怕久而久之事有所变,于是发诏书调他回京当太尉,明升暗降,削夺了他的兵权。

可以这样说,邓艾虽有杀伐征战的谋略,却少了点知人、自知的智慧,他既不清楚自己处境的危险,也不明白自己何以招来麻烦。他只想到自己对魏国承担的使命尚未完成,还有东吴尚待去剿灭,因而上书司马昭说:"我军新灭西蜀,以此胜势进攻东吴,东吴人人震恐,所到之处必如秋风扫落叶。为了休养兵力,一举灭吴,我想领几万兵马做好准备。"而且,他还喋喋不休地阐述自己灭吴的计划,全然不知这将引起什么后果。

司马昭看其上书心更存疑,命人前去晓谕邓艾说:"临事应该上报,不该独断专行封赐蜀主刘禅。"邓艾争辩说:"我奉命出征,一切都听从朝廷指挥。我封赐刘禅,是因此举可以感化东吴,为灭吴做准备。如果等朝廷命令来,往返路远,迁延时日,于国家的安定不利。《春秋》中说,士大夫出使边地,只要可以安社稷、利国家,凡事皆可自己做主。邓艾虽说比不上古人,却还不至于干出有损国家的事。"

邓艾强硬不驯的言辞更加使司马昭疑惧之心大增,而那些嫉妒邓艾之功的人纷纷上书诬蔑邓艾心存叛逆之意。司马昭最后决定除掉邓艾,他派遣人马监禁押送邓艾前往京师,在路途中将其杀害。

一世聪明的邓艾由于一时虑事不周,招人疑惧而遭杀身之祸,就是由于其居功自傲的性情。邓艾一片苦心,却由于自己不善内省、不明真相,糊里糊涂地被杀死,的确让人痛惜。那么,历史给予我们的思考与启迪又是什么呢？是否远离权力之争就没危险了呢？可以肯定的是，即使是在日常生活里、在企业群体中，居功自傲也并非一件好事。因为，我们无法排除自己会不会正处在一个妒贤嫉能的人际圈子里，如果是这样，"居功"已属不妙，更何况"自傲"呢？

常言说："卖面粉的讨厌卖石灰的。"本来是你卖你的面粉，我卖我的石灰，各有各的生意，但这世上偏偏有那么一种人，什么事都要与自己连在一起，总觉得你"白"了他就"黑"了；有了你的能干，就显示了他的无能等。因此，明里暗里都要捅你两下，甚至想置你于死地。还有，我们也难以保证企业的经营者都是"贤达开明之主"，本来，下属的"功"对企业以及对他本人是极为有利的，但对居功者，他们同样会心存嫉妒或感到不舒服，会由此而疑惧你心存二意："万一哪天你投向竞争对手那边该怎么办？"而"自傲"更加刺激了这一系列的心理反应。

换个角度来看，自傲对自己确实无益，除了导致人际关系紧张外，还会使自己丧失许多理性的东西。在现实生活中可以看到，凡是"居功自傲"的人，一般都难以吸取失败的教训（包括他人或自己过去失败的教训），总是看到成功的经验和荣耀，对他人的意见或建议易持抵触态度，很难像过去一样，站在相应对等的位置上进行资讯交流与沟通，从而导致上下关系紧张。

另外，居功自傲者身边，由于其"功成名就"，容易出现一些"抬轿子"的人，他们当中有些人是出自对成功者的佩服尊敬，但往往不排除有那种别有用心之人。所谓上房抽梯，让你爬得高摔得重正在于此。

因此，从相当程度上来讲，如何正确对待已经取得的"功"，不仅是一个性格修养问题，而且是一个事关生存发展的大问题，在特定的条件、情况下，它甚至是一个有关生死选择的重大问题。常言道："该夹着尾巴做人，就夹着尾巴做人。"在许多时候是不无道理的。

值得一提的是，我们切不可把自傲与自信等同起来。尽管仅是一字之差，但其内涵却相去甚远。浅显而言，自傲的外在表现往往是傲气十足，而自信则往往表现于傲骨的自然挺立。而"傲气不可有，傲骨不可无"这句话也已经成为大多数人的共识了。

总之，不要居功自傲，而要谦逊以求自保、谦逊以求进取，这总不是一件坏事。

## 冷面掌权，铁腕立威

领导立威并不简单，因为领导过程本身是复杂而多变的，在一个亟须建立秩序却又久已形成拖沓、散漫痼疾的组织中，有时需要领导者以冷面掌权，利用坏的态度来强调个人的权力。的确有许多领导者以不敬的言行及粗鲁的举止来借以证明他们有足够的权力去侮辱那些必须听命于他们的人。事实上，就像某人所说的："我知道你不喜欢这种言辞，但你无法加以反对。实际上我正是用它来向你表示我毫不在乎你的想法。"不敬还有一层含义，它是一种威胁或是强制别人服从权力的行为。

冷面掌权如能有节制地使用，可以立即建立起领导者个人的优越地位。但作用是有限制的，也有缺点，它降低了整个组织的宽松气氛。

领导者冷面的态度如果表现得并不十分过分时，有时会比较有用，并且经常都是以被领导者迅速服从的方式表达出来。

当他们要求别人协助时，总是用这些措辞，如"这些细节我一点都不懂",或"不要告诉我那些专门术语,只要告诉我行还是不行"。

幽默对权力而言是一种不可靠的工具。喜欢权力的人对自己都很认真,他们不相信任何形式的幽默。此外,有很大权力的人在说笑话时,习惯听人家大笑。因此,即使他们的确有幽默感,也会由于过度地要求赞赏而降低其效果。有权力的人在任何情况下,不把笑话当成幽默性的消遣,而把它当成一种控制谈话的工具。现在假如有六个人参加讨论会,其中一位为了强调他的权力地位,就会说:"在我们继续进行讨论前,我想起了一个可笑的故事要告诉你们。"然后就开始说,说得很长,这不是在逗大家乐,而是用一怪招证明自己能打断讨论。

优势当然是权力游戏的金矿。基本的技巧是把人叫进你的办公室来,而不是跑到他们的办公室去,否则就表示你放弃你的权力场所而进入他们的场所。这是够简单的,但忽视了领土保护制度的复杂性。许多有权力的人,特别是有侵略性的人,都喜欢到别人的办公室去,因为他们认为这是在侵入别人的势力范围。因此想建立自己优势的人都会进入别人的办公室坐下来,把脚放在办公桌上,就这样侵略了他们亲近的领土。这些小的征服方式为数颇多,包括使用如烟灰缸之类的东西,那些东西显然并不是他们想要使用的。或向别人的秘书下达命令。这类游戏的重要之处是在建立领土权力,并可显示你比你的对手来得随便。他们毫不拘束地把对方叫进自己的权力场所来下达命令,跑到部下的办公室去发布警告、威胁及谴责。另外有种为许多人所熟知的特殊方法,就是在自己的办公室召开会议,并让座位不够,使得参加会议的人不是走掉,就是自己去拿椅子,或者坐在地上。这是一种让别人不舒服以建立起自己权力的方式。

虽然冷面掌权似乎不是一种有希望的领导立威途径，但如使用恰当，却是一种有效的武器。历史上很多以严厉、冷面出名的领导者如孙武、巴顿等，不仅个人威信极高，而且所领导的部下与团队常常在这样的领导者统率下，攻无不克，战无不胜。当然，在现代组织中，或是在长期的领导过程中，单凭冷面和严厉来树立领导威信还是远远不够的。

下属判断一个领导时，更多的是根据他的品格而不是根据他的知识，更多的是根据他的心地而不是根据他的智力，更多的是根据他做了什么而不是他说了什么，更多的是根据他的自制力、耐心和纪律性而不是根据他的天才。

许多领导者自负地谈起员工的重要性——"以人为本""人是我们最重要的资产"，其做法却与这种态度截然相反。例如，他们不倾听员工的抱怨；对员工的个人问题漠然处之，或听任优秀的员工离去，而没有关切地挽留他们。

当员工看到这种自相矛盾的做法时，他们更可能相信领导者的行为，而不管领导者说了什么。同样，如果领导者想营造一种道德氛围，就要确保自己言行一致。如果领导者虚报费用，把办公室的东西拿回家用，或总是迟到早退，同时又宣扬高标准的诚实，那么员工就会对公司的规定置若罔闻。

言行不一严重妨害领导者建立同员工之间的信任关系。如果员工信任某个领导者，就相信他不会利用这种信任。让员工相信一个"说一套，做一套"的领导者是很困难的。所以，一个有威信的领导者，首先能够做到"言必信，行必果"。

不过，也有一些所谓"聪明"的领导注意运用语言的技巧，将形势朝有利于自己的方向扭转，这样他人就会注重领导者说的而不是做的。但任何技巧性的东西都只会短暂地维持你的"光环"，试想一下属要和你走过很长的一段路，才会实现共同的目标。不是发自内心的所谓"技巧"只会让人觉得自己被愚弄，其结果往往会更糟。

人们愿意和言行一致的领导者一起奋斗，因为有安全感，会很轻松，会心甘情愿地奉献。言行一致意味着表里如一。作为领导，当你做到了表里如一，别人就会跟着学习你的样子。当他们都敞开自己心扉的时候，你也很容易感受到他们性格的不同侧面。你将更清楚地看到别人的长处、美德。这样你也就能够更体贴、亲近别人，创造一种心心相印的愉悦氛围。

这样愉悦的气氛会感染处在这个环境中的每一个人，使组织内部形成一种无形的然而强有力的情感的凝聚力。就算作为领导者的你偶尔有了失误或犯了过错，人们也会谅解你、爱护你、体贴你。因此说，表里如一是有意义的坦诚，它可让更多的人分享你的思想与观点。

这是事业成功的保证，是需要很多领导终生追求的目标。人们往往崇拜智力超群的天才，但是品德高尚的领导者更能赢得尊重。

# 第9章　发挥沟通作用

> 沟通是一门很深奥的实用课程。学习沟通可以使我们掌握一些实用的管理技巧，有助于改善我们和同事、顾客、下属以及其他人的关系。随着沟通管理理论在实践基础上不断完善，沟通管理愈加受到国际管理界的重视，成为许多大学 MBA 的必修课。

## 善于沟通并了解他人

我们处于一个沟通的时代，每个人都有自己的优势和工作风格。为了提高工作效率，我们必须主动和别人沟通，主动了解他人。德鲁克认为，道理总是浅显的，关键在于我们怎么去做。只有充分了解你的同事、你的客户，了解他们的行为方式、他们的需要，我们才能充分发挥自身能力。

松下幸之助非常善于与员工沟通，他经常以各种方式主动与员工交流。

松下幸之助经常问他的下属管理人员："说说看，你对这件事是怎么考虑的？""要是你干的话，你会怎么办？"一些年轻的管理人员开始还不怎么说，但当他们发现董事长非常尊重自己、认真地倾听自己的讲话，而且常常拿笔记下自己的建议时，他们就开始认真发表自己的见解了。

此外，松下幸之助一有时间就要到工厂去转转，一方面便于发现问题，另一方面有利于听取一线工人的意见和建议。他认为后一点更为重要。当工人向他反映意见时，他总是认真倾听。不管对方有多啰唆，也不管自己有多忙，他总是认真地倾听，不住地点头，不时地对赞成的意见表示肯定。他总是说："不管谁的话，总有一两句是正确、可取的。"

在松下的头脑里，从没有"人微言轻"的观念。他认为，只有主动了解别人，认真地倾听哪怕是底层员工的正确意见，才能真正管理好企业。松下公司无论是管理层还是员工，都很尊重松下幸之助，并且能畅所欲言，这是松下公司成功的重要原因之一。

松下幸之助有句管理名言："企业管理过去是沟通，现在是沟通，未来还是沟通。"管理者主动了解别人，本身就是自我管理的一种方式。当我们的工作方式与别人的工作方式发生冲突时，我们更应该主动承担沟通中的责任。沟通从责任开始。德鲁克认为，主动和别人沟通，是我们提高绩效的一种方式。沟通需要承担责任，每个人都要明确自己的责任，并且要能在沟通出现问题时主动承担责任。这不仅是一种责任心的表现，更是一种生活态度和操守。

勇于承担责任，敢于面对失误，在任何时候都是一种美德。每个人在工作中都可能因为一些细节问题而出现沟通中的失误，我们只有面对失误，主动沟通，才能赢得别人的信任。信任是沟通的基础。传统企业的结构是金字塔形，而当代企业的结构逐渐变为扁平形。企业结构的简化，使企业对沟通的需要大大增加。所以德鲁克说，组织存在的基础不再是权力,而是责任、信任,信任意味着大家可以相互依赖。人们只有相互了解才能彼此信任,只有彼此信任才能有效沟通,信任是沟通的基础。

《论语》中讲:"人而无信,不知其可。"一个人一旦失去他人的信任,不但会增加沟通成本,而且会使对方对你的人品产生怀疑。

百事可乐总裁卡尔·威勒欧普有一次去科罗拉多大学演讲,有个名叫詹姆斯的商人通过演讲会的主办者约卡尔见面谈一谈,卡尔答应了。于是詹姆斯在大学礼堂外面坐等。

卡尔兴致勃勃地为大学生们演讲,讲他的创业史,讲商业成功必须遵循的原则,不知不觉已经超过了与詹姆斯约定的见面时间。

正当卡尔继续兴致勃勃地演讲时,一个人从礼堂外推开门,径直朝台上走来,一言不发地放下一张名片后,转身离去。卡尔拿起名片一看,背面写着:"您和詹姆斯在下午两点半有约在先。"卡尔这才猛然想起。一边是需要他说服并且灌输百事可乐思想的大学生们,他们是企业发展的动力,而另一边只是一个名不见经传、向他请教的商人……结果卡尔毫不犹豫地对大学生们说:"谢谢大家听我的演讲,本来我还想和大家继续探讨一些问题的,但我有一个约会,我不能失约,所以请大家原谅,并祝大家好运。"

在雷鸣般的掌声中,卡尔快步走出礼堂。他在外面找到了正在等他的詹姆斯,向对方致歉后,他告诉了詹姆斯想要知道的一切。结果原定的 15 分钟的交谈时间延长到了 30 分钟。

詹姆斯后来成为一名成功的商人。他把这一经历告诉别人,大家对卡尔的做法十分欣赏,并且由此钟爱百事可乐的产品。试想一下,如果卡尔放弃自己的承诺而使别人对他失去信任,那么结果必然既不利于沟通，也会大大影响公司的形象。

## 自上而下的沟通和自下而上的沟通

在当今社会，企业的结构发生了巨大变化，由传统的金字塔形转向了扁平形。中间管理层大量减少，使高层和基层员工的沟通迅速增加，但同时也使高层的工作压力增加。庞大的基层和小而精的高层需要实现有效的沟通，而目标管理为这种新型的组织沟通提供了有效性。管理层和员工有共同的目标、共同的任务，这就使得沟通的针对性增强，避免了庞杂、无谓、浪费时间的沟通，从而有效地降低了沟通成本。

目标管理首先增强了组织高层和基层的沟通，同时有利于员工将这种沟通有效地向外部延伸。目标和任务把管理者和员工密切地连成一个整体。管理者为了使员工能理解企业的战略和目标，并将之贯彻到自己的行动中，就必须与员工全面地沟通，必须使员工认同企业的战略、目标和决策。一方面，员工认同了组织目标，就会将之内化为自身的目标，从而有效地提高工作效率；另一方面，员工认同了组织目标，就能将之延伸给顾客并进一步辐射到组织外去。这就使员工与顾客及外界得以沟通，更能体现企业的战略需要，因为每个员工都既是组织的人，也是社会的人。

美国西南航空公司在这方面做得非常优秀。

美国西南航空公司一以贯之地全力推行员工参与决策制定，这使每一位员工都能够充分理解公司的战略意图。这样的做法增强了组织内沟通，也增强了组织外部沟通。有一次，一位等候登机的乘客向一位经理抱怨："西南航空公司的班机为什么不把座位分为不同档次呢？像别的航空公司那样，他们不都是那样做的吗？那样我们就不用再在登机的时候排长队了。"这位经理正准备站起来向乘客解释，一位普通的乘务员已客气地回答了乘客的这个问题："我们公司之所以不把机舱分成不同档次，是因为我们一贯实行的是低价政策。这样不但省去了预订系统，而且提高了座位利用率。这当然不仅仅对公司有利，节省下来的同样是乘客的钱。如果公司和别的航空公司一样采用分档的策略，公司必须增加17架飞机才能满足需要。要知道，每架飞机价值3500万美元，这需要投入巨大的成本。而按照我们现在的策略，每位顾客每次飞行至少节省了70美元。"

这位乘务员的解释让乘客十分满意，他为西南航空公司让利消费者的做法而感动，也为这位乘务员能与他无偏见地进行沟通感到惊讶。

这位乘务员之所以能如此彻底地执行、解释企业决策，就在于西南航空公司的决策让所有员工共同参与。管理层和每位员工充分地沟通，增强了员工和顾客沟通的有效性。即使最基层的员工，都能了解公司的战略意图，都能清晰地表达出企业对顾客利益的重视。这样的企业使员工以主人翁的精神参与到企业管理中来，自然能赢得市场，获得长远发展。可见，目标管理大大强化了组织高层和基层的沟通，从而有效地贯彻了组织的战略和目标。

目标管理还可以促进组织内部不同部门之间的沟通合作。传统企业的各个部门之间相互分割，彼此联系较少、沟通有限，这就会造成企业总目标在执行过程中形成不同的执行方案，部门与部门之间的协调不充分，从而影响企业整体绩效的实现。通过目标管理加强跨部门沟通，从而打破部门樊篱，使企业内部能够充分协调合作。

飞利浦公司组织的战略性交谈活动，充分体现了目标管理对于增强企业跨部门沟通合作的重要性。

飞利浦是欧洲最大的电器设备生产商，全世界每七台电视机中就有一台装的是飞利浦的显像管，但是它占据整个公司销售额1/3的家电部门却效益很低。2001年新上任的总裁杰拉尔德声称，在未来的三年里，飞利浦的家电部门要么赢利，要么就关门！这个目标计划并没有人相信。

杰拉尔德并没有采取极端的措施，而是在各部门以这一目标为中心展开了一场战略性交谈活动。他认为应树立员工们的信心，通过目标管理增强沟通的有效性，从而实现跨部门的合作。因为他上任后发现，公司被条块化地分成了六个业务部门，它们之间很少或者完全没有沟通。

他的第一个动作是根据总目标确定了四个关键性的主题。这些主题描绘了飞利浦可能取得成功的技术前景，包括显示器、存储器、连通性和数字视频程序。这样一来，这些主题就使得不同技术部门之间的边界变得模糊。要取得成功，这些部门就必须进行全新的、直接的深入对话。

杰拉尔德开始战略性交谈的方法是聚集所有对该主题做出贡献的人，不管其职位的高低，一起参加一次为期一天的峰会，让与会者交流看法、讨论方案并且针对不同的重要项目制定最终的策略和方针。这一会议促使目标变得非常清晰，并且促成了不同部门之间更好的合作。

战略性交谈很快显示出效率，一个显著的例子就是飞利浦在DVD市场上取得了成功。当管理层确信在光学存储器上的成功就意味着会在 DVD 市场上取得成功后，一个囊括了来自飞利浦公司的半导体部门、配件部门以及家电等部门的人员的项目团队开始行动。他们改写了 DVD 的新标准，并在 2003 年抢占了美国 DVD 市场 60%的份额。

为什么飞利浦公司最重要的部门却不能产生效益？其根本原因就在于：各个部门各自为政，互相扯皮，彼此间缺少共同的目标，因此不能实现有效的合作。杰拉尔德通过设定企业未来三年的发展目标，进而确定了战略性交谈，并通过全面沟通使跨部门合作成为可能，进而大大提高了企业效益。可见，目标管理有利于企业增强组织内部跨部门沟通合作，从而有利于全面提高企业的业绩。

总之，目标管理使员工可以参与到管理过程中来。因此，企业的总目标和员工的分目标趋于一致，不仅使组织内纵向的上下级沟通、横向的部门沟通增强了有效性，而且使员工与外部的沟通也具有了有效性。

## 没有沟通，就没有管理

美国沃尔玛公司创始人山姆·沃尔顿说："如果你必须将沃尔玛管理体制浓缩成一种思想，那可能就是沟通。因为它是我们成功的真正关键。"日本松下电器创始人松下幸之助说得更直接："企业管理过去是沟通，现在是沟通，未来还是沟通。"

在现代资讯经济时代，企业内外部环境的变化日益复杂和加快，全球化和资讯化、知识化势如破竹，企业因此必须在更大的市场背景、更快速的环境变化和更加激烈复杂的竞争态势下生存发展。同时企业本身的规模越来越大，内部的组织结构和人员构成越来越复杂，相关的企业、人群越来越多,对市场和企业自身的把握越来越困难,企业员工之间利益、文化越来越呈现出多元化特征,企业内外部人员间的矛盾和冲突不断在增加——以上所有这些问题,都必须依赖于良好的管理沟通来解决。

可以说没有沟通,就没有管理。沟通是人与人之间的思想和信息的交换,是一个逐渐广泛传播的过程。著名管理学家巴纳德认为"沟通是把一个组织中的成员联系在一起,以实现共同目标的手段"。可以说,管理活动需要通过沟通才能进行。

一般来说,企业管理对内包括生产管理、财务管理、人力资源管理、后勤管理、安全管理、资产管理,对外包括销售管理、市场管理。

那么什么是管理呢?有人说,管理就是带领一群人去实现目标的过程。流传更广的说法是"管理就是做正确的事和正确地做事"。西方比较专业的看法是"管理就是为了实现组织目标,对人、财、物等资源进行计划、组织、领导与控制的过程"。

中国式管理以中国人的传统文化、行为习惯、思维方式、社会心理为文化背景,以社会主流价值观、人生观、世界观为基础,以社会大众普遍接受、认同和欣赏的管理才能为表现形式。

中国式管理是以政治管理为基础演变而来的,因此强调天道、地道、人道,强调和谐、诚信、工具、务实、智慧、勤俭和法制。

无论是西方的管理思想还是中国式管理,万变不离其宗,只是角度不同,最终都是为结果服务,都存在四大共性:管理以器立身,强调管理是工具;管理以人为本,强调管人;管理以事为基,强调管事;管理以好为标,强调结果。

管理没有沟通作为工具是不可能取得绩效的；管理以人为本，管好人离不开人际沟通；管理以事为基，要做好事同样离不开沟通；要出好结果，任何一个环节的沟通都举足轻重，不可马虎。因此，一个不容忽视的结论出来了：管理离不开沟通。

沟通是管理的先行者，没有沟通就没有管理。如果管理是一个生命体，那么沟通就是贯穿于这个生命体每一个部位、每一个环节的血管，给生命体提供赖以生存的各种养分。

因此，作为企业管理者，应当对信息沟通工作有一个较为宏观的把握，摒弃对那些"有害无益的"信息媒介的依赖。因为它们不仅占用员工的时间，而且可能造成混淆。经理人员应当集中精力，努力使信息通信的投入转化为企业的经营利润，并对沟通的各个组成部分进行整合，使其作为一个整体为企业创造更大的价值，而不是令其各自为政、相互掣肘。

看待价值有很多不同的方法。其中一种就是着眼于企业的经营目标——沟通是达到这一目标的手段之一，所以我们最好从企业的目标着手进行分析——企业希望取得什么成就？在它为此奋斗的过程中存在哪些障碍？与其把沟通推上管理日程，不如先着手解决早已在日程安排之中的事务，因为这样做将会更有价值。

从战略角度看，企业面临的困难包括客户保有率低、赢取客户的成本过高、企业内部协作不够、交叉销售与客户服务工作有待改进、市场份额下降、管理成本增加以及员工离职率过高等。

内部沟通可以帮助企业解决经营方面的问题，但是首先必须找出困扰企业内部客户的问题。只有能看出问题所在的人才能真正了解沟通的价值。如果企业内部人员意识不到问题的存在，那么无论你为他们做什么，他们也不觉得这是在帮他们解决问题。例如，只有在企业认识到员工离职率过高已经成为一个大问题时，针对这一问题所进行的内部沟通工作才能有效地发挥提高员工保有率的作用。

有时候企业对自身发展战略并没有明确的概念，或者仅把沟通部门看作一个发布信息的机构。即便如此，经理人员只要能更有效地进行沟通工作，仍然可以为企业创造更多的价值。要达到这一目标，可以采取下列方法。

一是提高信息质量——使用更加简练流畅的语言，传递更加明确的信息。

二是提高现有沟通渠道的效率，例如，采取面对面会谈的方式沟通比简单的信息交流更重要。

三是限制信息源的数量并对沟通渠道进行准入限制，以减少信息发布的数量。

在有些企业，虽然沟通部门的工作人员不能参与制定经营战略，但他们仍然能够通过提高沟通程序的效率、减少成本为企业创造价值——这种结果肯定是企业财务总监所乐于看到的。大多数从事沟通工作的人都必须既是战略家与顾问，又是妙笔生花的写手。因为不管企业有多出色的经营战略，如果不能明确地表述出来，也是毫无意义的。

在新的信息经济时代，管理沟通已不再是次要的或无关企业全局的一个局部性、部门性质的技巧，而越来越多地和越来越真实地表现为企业管理有效性本身。沟通的任务就是管理的任务，沟通的功能就是管理的功能。

沟通就是为了达成共识。现代企业越来越重视通过加强内部或外部的沟通来解决管理中的各种矛盾和冲突，而实现沟通的前提就是让信息能在所有员工之间有效传递。

美国沃尔玛公司创始人山姆·沃尔顿将沟通视为管理的浓缩。他认为让员工们了解公司业务进展情况，与员工共享信息，是让员工最大限度地干好其本职工作的重要途径，是与员工沟通和联络感情的核心。而沃尔玛也借助于沟通交流和信息共享，使员工感觉自己得到了公司的尊重和信任，从而更具有责任感和参与感，并积极主动地努力争取更好的成绩。

沟通与管理的关系是显而易见的，其重要性也是不言而喻的。管理离不开沟通，沟通已渗透于管理的方方面面。没有沟通，管理者的领导就难以发挥积极作用；没有沟通，企业根本就不可能有所发展，甚至会趋于死亡。

未来学家约翰·奈斯比特清楚地认识到了这一点，他说："未来竞争将是管理的竞争，竞争的焦点在于每个社会组织内部成员之间及其与外部组织的有效沟通上。"因此，管理者应该为企业营造良好的沟通氛围。

## 重视别人的意见

决策者需要了解不同的信息，需要对企业经营中的不同情况进行有效判断，但是任何决策者都不可能掌握全部的信息和资源，所以决策者必须重视别人的意见。尽管某些意见不能被采纳，但至少可以作为决策的参考。即使是那些反对意见，也可以提醒决策者需要规避决策中的风险。

因而德鲁克认为，卓有成效的决策者总是很重视不同的意见。这样做，一方面可以防止决策变成"片面的深刻"，即决策者尽管看到了市场发展的方向，但未必能实现决策目标；另一方面，重视不同的意见，可以使决策者处于一种主动地位，一旦某些决策被证明有缺陷，决策者不至于盲目应对。也就是说，重要的不是决策者怎么做，而是引导别人怎么做。

决策者重视别人的意见，还必须使自己在决策中处于主动地位，这就要求领导者必须引导员工参与到决策中来。同样的问题有没有员工参与会使决策执行的效果截然不同。

索罗门是一家公司的部门主管。最近部门业绩下滑，他和下属的沟通也出现了问题。索罗门决定赋予办公室一个新面貌，改变部门的气氛。虽然索罗门对办公室新摆设的构思感到兴奋，但他决定先保守秘密，以便给大家一个惊喜。

周末，索罗门花了很长时间改变了办公室的陈设，每张桌子和椅子都移动了位置，每个文件柜和盆景都挪了一遍。他对自己的表现十分满意，以为只需要等到星期一聆听下属们的赞美就可以了。

周一早晨，索罗门刻意提早到办公室看看大家的反应。但他很失望：第一个到办公室的人一言不发，陆续到达的其他人也概莫能外。索罗门非但没有得到一句赞美之词，反而备受埋怨。他费了九牛二虎之力企图说服下属，新的办公环境会使大家更有活力，但他的努力毫无意义。下属们抱怨了一周，办公室并没有焕发活力。

到了周五，索罗门召集下属开会，承诺在周一早上一切都会恢复原样。

于是索罗门又花了一个周末的时间物归原位，大家似乎都对这种结局感到满意。但索罗门始终耿耿于怀，他觉得必须做一些改变，于是他向下属们不厌其烦地解释。

中午，几名下属走进索罗门的办公室说："我们已经讨论过了，您说得有道理。改变工作环境可能会给我们带来新鲜的气息，并提升大家的积极性和工作效率。"索罗门建议让所有的员工共同设计办公室的陈设方式。当天下午，下属们就把新的办公室配置图画好了。

在接下来的一周中，大家忙着安排办公室的空间。周五的时候，大家达成共识，每个人似乎都很兴奋。周末的时候下属们都过来了，大家帮忙搬东西，一起调整办公室的陈设，忙得不亦乐乎。

周一，布置得焕然一新的办公室受到大家的肯定。办公室的新面貌似乎真的为该部门注入了一股新气息，每个人都显得精神抖擞、士气高昂。

除了一两个桌子之外，下属们决定的配置图和索罗门在几个礼拜前自己决定的差不多。但二者受到的待遇如此大相径庭，实在耐人寻味。

索罗门为了提高部门业绩，只想做一点小小的变动，然而前后两次的结果却迥然不同。原因很简单，他的决策方式前后有别。当他一厢情愿地试图改变时，吃了闭门羹，因为下属在决策过程中是被动的；当他让下属参与决策时，却意外地达到了目的。这就说明，决策者的任何决策都需要一种决策艺术。决策者必须重视别人的意见，必须善于把自己的决策通过员工参与的方式体现出来，因为所有的人都愿意当主人，而不想做奴仆。通过这样的方式，决策者处于决策的主动地位，并能积极地引导员工参与决策，以提高绩效。

决策者明白了决策不是一个人的事，还必须明确为什么决策不是一个人的事。古人云："兼听则明，偏听则暗。"决策者要主动听取下属的意见，这样才能全面、客观地了解事物，做出正确的决策。从管理角度来说，决策者全面听取各方意见，尤其是听取下属的反面意见，可以团结有不同意见的下属，也能赢得下属的尊重和信任，提高组织的凝聚力。对有能力的下属而言，领导乐于听取不同意见会提高他们的工作绩效。因为他们有自己的纳谏之门，就会更积极、更大胆地献计献策，会更勇敢地纠正领导的过错，更自觉地提出改进工作的建议。

反之，如果领导一听到反面意见就心存不悦，甚至对献策者假以辞色乃至打击报复，不接受部下的建议或批评，势必会失去下属的信赖和拥戴。

秦始皇执掌大权后，除掉了原来垄断朝政的吕不韦，并将吕氏门下的三千多名门客全部驱逐出境。紧接着，他又下了一道命令：凡是从别的国家来秦国的人都不准居住在咸阳，在秦国做官任职的别国人，一律就地免职，三天之内离境。他这样做，主要有以下几方面的原因：一是担心从别国来秦的人太多、太复杂，会对秦国有所损害；二是认为自己英明无双，有能力治理好秦国，不需要其他国家所谓的人才；三是某些大臣为了排挤别国来做官的人，进谏秦始皇，劝其驱逐别国人，以争权夺利。

驱逐人才是历代君主的大忌，秦始皇草率做出如此决定，势必会引起一些有见识的大臣的不满。李斯是当时朝中的客卿，来自楚国，也在被逐之列。他认为秦始皇此举实在是亡国的做法，因此上书进言，详陈利弊。他说：从前秦穆公实行开明政策，广纳天下贤才，从西边戎族请来了由余，从东边宛地请来了百里奚，让他们为秦的大业出谋划策，而当时秦国的重臣蹇叔来自宋国，配豹和公孙枝则来自晋国。这些人都来自异地，都为秦国的强大做出了巨大贡献，收复了二十多个小国，而秦穆公并未因他们是异地人而拒之门外。

李斯又举出大量历代有作为的王广招贤才、多方纳谏的事例，并直言指出，秦始皇的逐客令实在是荒唐至极。把各方贤能的人都赶出秦国就是为自己的敌国推荐人才，帮助他们扩张实力，而自己的实力却被削弱。这样不仅统一中国无望，就连保住秦国不亡也是一件难事。

这一系列的肺腑之言虽然尖锐刻薄，但都是逆耳忠言，秦始皇如醍醐灌顶，恍然大悟。他意识到自己由于听了某些狭隘大臣的愚见，更是出于自己的骄横，做出了这样错误的决定。自己如此的不明事理，哪里还能得到其他贤能之士的辅佐呢？于是秦始皇立刻传令四方，告知众人，秦王收回了逐客令，挽留各方的人才；同时派人请回李斯，为其复职，当面谢罪，同他共同商讨统一六国的大业，并决定此后要广招各方志士，争取他们为秦国的强大做出贡献，为自己效力。

正因为秦始皇听取了李斯的建议，所以不仅留住了原有人才，而且吸引了其他国家的人才来投奔。秦国的实力逐渐增强，为实现统一奠定了雄厚的物质基础。李斯见秦始皇善于纳谏，知错就改，实为明君，值得辅佐，也献计献策，为他统一天下而效力。这样，秦国君臣上下同心，一心一意发愤图强。十年之后，中国历史上第一个中央集权制的封建国家终于形成。

古往今来，成功的决策者都非常重视听取下属的意见。尤其在现代企业管理界，这种现象更为常见。卓有成效的决策者应该认真听取员工的建议和看法，积极采纳员工提出的合理化建议。员工参与管理会使工作计划和目标更加趋于合理，并且还会增强他们工作的积极性，提高工作效率。

1880年，柯达公司创始人乔治·伊士曼首先研究成功一种新的感光乳剂。这一发明引起人们的重视，他的研究开始得到别人的赞助。经过六年时间，他终于研制出卷式感光胶卷，即伊士曼胶卷。新型感光胶卷的出现结束了用湿漉漉的、笨重易碎的玻璃片做底片的历史。又过了两年，他又研究出手提式小型照相机，这种照相机被命名为"柯达一号"。摄影爱好者从此结束了用马车装载照相器材的日子。

伊士曼的一系列发明，为他赢得了可观的财富。这时，他成立了伊士曼—柯达公司，专门生产照相器材。

为了改善公司的经营管理，伊士曼很重视听取员工的意见。他认为公司的许多设想和问题都可以从员工的意见中得到反馈或解答。为了收集员工的意见，他设立了建议箱，这在美国企业界是一项创举。公司里任何人，不管是白领还是蓝领，都可以把自己对公司某一环节或全面的战略性的改进意见写下来，投入建议箱。公司指定专职的经理负责处理这些建议。被采纳的建议如果可以替公司省钱，公司将提取头两年节省金额的15%作为奖金；如果可以引发一种新产品上市，奖金是第一年销售额的3%；即使未被采纳，建议者也会收到公司的书面解释函。除此之外，这些建议还都被记入本人的考核表格，作为提升的依据之一。

柯达公司的建议箱制度从1898年开始实施，一直沿用到现在。第一个给公司提建议的是一个普通工人，他的建议是软片室应经常有人负责擦洗玻璃。他的这一建议得奖20美元。设立建议箱100多年来，公司共采纳员工所提的70多万条建议，付出奖金达2000万美元。这些建议减少了大量耗财、费力的文牍工作，更新了庞大的设备，并且堵塞了无数工作漏洞。例如，公司原来打算耗资 50 万美元兴建包括一座大楼在内的设施来改进装置机的安全操作系统，可是，工人贝金汉提出一项建议，不用兴建大楼，只需花 5000 美元就可以办到。这项建议后来被采纳，贝金汉为此获得 5 万美元的奖金。

进入 20 世纪 80 年代以后，柯达公司的员工向公司提建议更为积极。1983 年、1984 年两年有 1/3 以上的员工提过建议。公司由于采纳员工建议而节省了 1850 万美元的资金，为提建议的员工付出了 370 万美元的奖金。柯达公司设立建议箱取得的成果，吸引了美国不少企业。目前，相当多的企业已仿效柯达设立建议箱来吸收员工意见、改善经营管理。

# 第 10 章　管理要注重时效

"管理要注重时效"，听起来就像废话一样，因为我们谁也不会把精力浪费在不需要做的事情上。但真的如此吗？看看公司里的情形吧：为改革而改革，为ISO9000 而 ISO9000，诸如此类。这就是我们那些所谓的聪明人所做的事。

## 只做需要做的事

"通常，高级管理者也是存在问题的部分原因。他们认为实际上传播信息的唯一来源是自己，他们不明白为什么组织内部会有那么多的问题，于是就重新组织，重新构建，引入新方法。因为他们不理解人们为什么感到困惑，许多优秀的人才受到日渐复杂的状况的困扰。"美洲银行技术和操作部主管吉姆·迪克森的这段话指出了企业界的一个普遍的事实：我们的公司总是莫名其妙地在变化，很多公司不知就里地从一种管理模式转到另一种管理模式。但这也只是其中的一个事实。另外一个事实直指管理人员的内心，那就是，"管理人员爱复杂，因为复杂给管理人员带来了有意思的工作内容"。在我看来，这里的"有意思"应该是这样的吧：只有当他们做点什么的时候（无论什么事情都可以），才能让上司或者董事会觉得他们在做事（而不是无所事事），或者是让上司感觉到他们不是原地不动。

管理理论的丛林给我们的管理人员带来了方便，为他们提供了很多可以信手拈来的工具和方法。于是，我们的管理人员就一直在做着这样的事："我们一定要改用分权，以突破瓶颈。"主管们这样说。一年后，主管们的说辞是："我们一定要改用集权，以提高效率。"或许第三年又会改回分权制也说不定。谁知道呢？我们的管理人员有时候是很变幻莫测的，就像伦敦的天气一样。

于是，为了改革而改革，为了做事而做事。管理变成了那些不必要的、累赘的和限制性的财政尺度，变成那些经常是被热心的人力资源部门（又称"人事部"）煽动起来的白痴项目，变成那些虽然出于好意却又过于频繁的"质量意识日"，变成公司制作的书籍、小册子和录像带，更不要说一些流于形式的"职员培训"。诚然，把做一件事情的速度提高50%、费用降低50%是一个巨大的进步，但如果这件事根本就不值得去做，做这件事就是一个100%的错误。

只做需要做的事，就意味着："好的"不一定是需要的！不值得做的，千万别做！其他人都在做的，也别做！

1. "好的"不一定是需要的

大多数公司的运行其实并不复杂，它们以资本、物资和劳力为成本，提供一种产品或服务。如果这种产品或服务的价格和质量具有竞争性，就会吸引顾客，并创造出成本以外的收入，这样看来，管理部门应该努力做到直接，减少不必要的步骤，把重点放在自己的核心业务上。但事实并不总是如此。一个公司发展得越大，它的运作就越像联邦的官僚机构。公司里成百上千的职员没完没了地炮制备忘录流水线,而目的只有一个:证明他们存在的合理性。一个大公司有个部门叫作"局外人评估部",它的工作就是通过综合局外听众的评价接受评估的人回答的问题、填写的评估表,对接受评估的人的成绩进行量化分析。接受评估的人将会收到一封信,告诉他成绩,还有许多数据,说明他和其他人成绩的比较结果。

德鲁克曾说:"我敢面对上帝发誓:公司几乎为此使自己陷入绝境。我想象得出,在随后的为了生存的斗争中,'局外人评估部'被不知不觉地取消了。可是,最初它是怎么出现的呢?谁会认为它对顾客或股东有价值?我想可能是该公司的高级经理受到了严厉的训斥,便向他的下属说:'我们必须找到一种方法来制止吹牛的人,他们浪费了我们的时间。'于是这个部门就产生了。从这个'绝招'发明开始,更多的时间和金钱被浪费掉了。"

作为一个领导人,你应该怎么办呢?你知道这种浪费是公司制度中的一部分,但是怎样才能有效地对付它呢?你怎样区分什么是真正具有长期价值的东西,什么是应该被干脆砍掉的东西呢?在此,我要告诉你一条坏消息:没有人能想出一种可靠的方法。这正如麦迪逊大街的那条古老的谚语:"做广告的每一美元都有一半被浪费掉了,可是没有人能算出是哪一半。"

但是,办法总是有的,有几个标准可供一个领导人参考。首先,提醒你自己:浪费最少的公司往往是那些陷入很大麻烦、正在生存线上挣扎的公司。如果引导得当,它们就会像一架被损坏的飞机卸掉重物后高高飞起一样,发展很多项目。在这时,管理部门的心思全部放在一些基本问题上:基本的产品发展、制造和销售。在这种情况下,对那些不能直接降低成本、提高收入的任何事情说"不"很容易。改善某种模糊的"长期"的项目是没有意义的，因为如果不能保住公司，公司永远也不能看到这些成果。

但随着公司兴旺起来，比较有弹性的"长期回报"项目开始抬头了。有一些是合理的，能带来很好的效益，很显然是公司需要的。虽然其他的计划不具备真正的价值，但它们的支持者还是在宣传、维持、保护它们，仿佛它们真有价值。对这些计划提出质疑会使这些领导找出无数为自己辩护的理由。这种情况下，你需要问自己："假如这就是我自己的公司，我个人拥有每一份股票，我在这个时候是否会这样做呢？"如果答案是"不"，那就放弃它。

记住："好的"不一定是需要的！

2．不值得做的，千万别做

福布斯二世说过："不要做自己的奴隶，不是每件事都必须做。"

剧作家尼尔·西蒙决定是否将一个构想写成剧本前会问自己，答案如果是"这会是一个好剧本，但需花费一两年的时间"，西蒙就不会写。

遗憾的是，大多数人一直要到他们的生涯走了一大段路以后，才开始问这样的问题。也许是因为年轻时并不了解计划一旦开始要花费多少时间才能完成，也不了解我们的时间其实非常有限。

德鲁克的朋友葛里斯曼曾经对他讲过自己的一段故事。

在我担任一所著名大学的系主任之后，一个全国性的科学机构邀请我在他们的年度会议上发表论文。我以为这是有关政治方面的会，于是就答应下来，并花了相当长的时间准备。但发表会的结果却令人大失所望——出席会议的总共四个人。经过这次教训，我便下定决心不再轻易答应任何事情。不久之后，同一个机构又请我将当时发表的内容写成一篇论文,刊登在他们没有人看的期刊上。我拒绝了。

德鲁克说:"他是对的。"

综上,下面有四个很好的理由说明了我们绝对不应做不值得做的事。

不值得做的事会让你误以为自己完成了某些事情,就像将没人听或读过的论文列在履历表上一样,你只是对白费力气沾沾自喜罢了。

不值得做的事会消耗时间与精力。因为用在一项活动上的资源不能再用在其他的活动上,不值得做的事所用的每一项资源都可以被用在其他有用的事情上。

不值得做的事会产生惯性。社会学家韦伯说:"一项活动的单纯规律性会逐渐演变为必然性。"许多机构、刊物或活动根本就不该存在,其仍能持续存在的原因只是大家已经习惯了,有了认同感,如果让它们消失的话,会有罪恶感。

不值得做的事会生生不息。做了不值得做的事后,就需要组织一个委员会来监督,最后,还需要小组委员会、管理人员、手册、指导原则,甚至每年开设训练营学习如何将不值得做的事做得更好。

你也许毫无选择余地,因为你既无权也无势。但是只要你有选择的机会,请运用尼尔·西蒙的话问问自己:"如果我将这个构想的潜能发展到最好,是不是真的值得?"答案如果是"不"的话,千万别去做。

还有一些东西我们需要明白。1963年,德鲁克写下了一篇叫作《有效的经营管理》的文章,这篇文章中的思想直至今天依然有着强烈的现实意义。德鲁克写道:"我们需要的是能够帮助我们安排工作,并能够简单地回答下列问题:管理者的工作到底是什么?他所面临的主要问题是什么？定义并分析这些问题的原则是什么？"

如果一个管理者不能区分"效率"和"效果"，我们很难想象他能够对企业的业绩负起真正的责任。"做正确的事远比正确地做事重要"，很多人听到过德鲁克的这句名言。在这里，"正确的事"当然不会是"不值得做的事"。然而有更多的人在更多的时候把这个告诫抛在脑后，许多管理者绞尽脑汁所做的，不过是用更精巧、更科学、更高效的办法加速产品或企业的衰亡。

### 其他人都在做的事，千万别做

20世纪60—70年代，联合大企业风靡一时，规模越来越大。经过80年代的兼并狂潮，公司规模仍在不断扩大。然后就是不可避免的紧急减肥：除了公司的主要生意外，其他全部裁减掉，这又成了90年代时髦的做法。

在汽车业领域中，人们曾对诸如会说话的汽车这种有点问题的新奇玩意表现出非常浓厚的兴趣：每当司机没关好车门，就会有一个声音提醒你把它关好。后来又流行数字速度计，只要短短一瞥，你就能满意地知道你的时速是60英里而不是61或59英里。仪表板上的数字又大又亮，而且不停地闪动：62、60、59、61、62、59、63……

请允许一个经历过这些及其他许多时尚的人说一句：够了！为什么人们会追求如此愚蠢的时尚？我们可以毫不夸张地说，是因为他们订阅了《华尔街月刊》《财富》《福布斯》《商业周刊》和其他主要的权威刊物。如果不是因为记者们总是不断地发现苹果从树上落下来的新原因，这些杂志恐怕早就一片空白了。

商业新闻界炒作时尚的循环是这样的。

（1）一篇文章说："越来越多的公司，似乎都在做 X。"当然，按照一贯的做法，在文章后面，必然会列举出 X 的一系列好处。

（2）一名经理看了这篇文章后，马上派人给下属送去，而且加上一句略带怒气、字迹潦草的批语："我们为什么没有做 X？"他的言外之意是：要是我们三年前就已经做了 X，那么公司就不会陷入现在这样的困境。

（3）有人问那家公司的股票为什么疲软，分析家们解释说："因为他们没有做 X。"

（4）那家公司开始做 X。他们大做宣传，投巨资生产 X，上面写着：是的，先生们，我们在做 X。

（5）对美国公司一拥而上做 X 是否明智提出质疑的第一篇文章出现。

（6）商业新闻界公开批评那些操之过急的经理。

（7）成堆的 A 无人问津。

（8）拥护另一大胆的新策略 Y 的第一篇文章出现。

避开灾难最好、最廉价、最有效的方法，常常就是避开任何流行的"主义"。大家是不是都在某个新市场开办工厂？也许你也应该那样。但是，不行，因为其他人都在那么做。

克莱斯勒的前总裁卢茨曾经说："几年前，我们考虑要在中国进行一个重要投资项目。经过一番深思熟虑之后，我们决定不那么做。当时，我们觉得我们的资源用在别的方面更好。人们当时常问我：'你怎么没去中国（我肯定他们指的是克莱斯勒而不是我个人）？'分析家们颇有见地地评论说，除了我们，汽车业所有其他人要么已经向中国发展，要么正忙着收拾行装。

"也许将来有一天,我们会重新考虑这一决定。但是当我拿起早晨的报纸看到又一家已在中国投资 1 亿美元的汽车公司准备退出时,我得说我对我们的决定一点不后悔。"

上面所讲的是避开时尚的反面例子,下面再来看一个避开时尚的正面例子。

设想有一块白色的地毯。它绝对一尘不染、洁白如雪。某一天上面出现了一块红色的番茄酱斑点,整个世界都为之震惊:"太美了!看那一点!"它是人们唯一可以评论的东西。接着几天后,第二个红点出现了,人们的反应跟开始时差不多。第三个点出现了,然后是第四个、第五个……一星期后,那块地毯几乎变成了红色,当第 N 个红点出现时,已经没有人再注意或是在乎它了。

对产品(服务和进军新市场)而言,情形也是这样。如果你不想成为另一个迟到的"红点",你希望引起人们的注意,你想成为某个全新的东西上的第一个点,那么拿出点干劲来吧!

记住:其他人都在做的事,千万别做!

### 做一个猴子专家

我们总是在抱怨时间不够,却很少努力去找利用时间的方法。怎样利用你那非常有限的时间?首先是不要把时间耗费在照顾那些跳到你背上的"猴子"身上。在这里,猴子专家会告诉你一些有效的方法。

不是所有的事情都具有同样的重要性。在处理事情上,我们不可能也不应该做到公平对待。有些事你得多花费一些时间,有些事你稍微处理就行,有些事你根本就不用操心。

当我们说到简单就是力量时，指的是：

简单就是减轻工作（少做次要事情）的力量，简单就是加强工作（多做重要事情）的力量。

拥有这种力量并非易事，我们需要改变一些习惯，每天花一定时间列出重要事情和次要事情，根据事情的主次有区别地利用时间。通过改变组织方式和实现知识共享，你可以节省花在次要事情上的时间，从而增加重要事情上的时间投入。花一定的时间化繁为简可以节省更多的时间。

在美国，有这样一个传统谚语：不要把猴子放在我背上。

有些猴子是可爱的小动物，但也有些猴子是没规矩、坏脾气、讨厌的家伙。当猴子跳到你的背上时，最好小心点，照顾猴子可能非常耗费时间。在下面的内容中，猴子专家会告诉你怎样对付那些跳到你背上的猴子。

如果你珍惜时间，那么当你待在把猴子当宠物的人身边时，必须小心。他们最可能做的一件事就是：放一只猴子到你背上。你不得不花费大量的时间来对付这猴子。不要接受任何别人想给你的问题或责任（例如猴子），如果你接受所有找上门的问题，你的生活会变成一场噩梦。许多经理人花费几天、几个月甚至几年的时间处理从他们的下属那儿跳到自己背上的"猴子"。

一个通信公司的总经理最近很烦恼。他的问题是：为什么事情总也做不完？每当有危机发生时，即使是微不足道的危机，职员都会找上他，期望他解决所有的问题。当咨询专家向他提起猴子原则时，他明白了。他发现他们的系统变得非常可笑，他实际上在为那些应该替他做事的人做事，于是他采取措施让职员自己解决问题。几个礼拜后，他变得神采奕奕——一切又在他的掌握之中了。

如果有一只"猴子"跳到你的背上，猴子专家的建议是：

1. 记住世上到处都是"猴子"，只要挑一只你真正关心的即可。

2. 让别人照顾他们自己的"猴子"，如果他们根本不打算处理，你就不该企图解决别人的问题；只要你确定帮忙结束后他们会自己照顾猴子，偶尔伸出援手并没有什么不好。

3. 如果你是经理人，指派"猴子"给机构里能干的人，训练他们处理新任务——一个经理人的成功与否，应该以他可以让部属做什么事情来衡量。

猴子专家说："你的时间永远都不够应付那些争相引起你注意的猴子。如果你让每只猴子都爬到你背上，不但对你不好，对猴子也不好，接手不合适的猴子可能会让合适的猴子因为缺乏关注而憔悴。但是如果你说服别人照顾自己的猴子，并适时给予应有的爱与关注，这些猴子可能会变成非常可爱的宠物。"

《费城咨询报》的前执行编辑吉恩·罗伯特正是运用这种猴子管理技巧的佼佼者。罗伯特在报社的18年中，《费城咨询报》惊人地获得了17次普利策奖。当然，罗伯特不可能亲自写所有的文章、拍摄所有的照片，他是通过别人来做的，他最喜欢的技巧之一就是远离部属的"猴子"。

罗伯特的同事记得他在同他们开会时会长时间精神恍惚似的保持沉默，这有强迫别人说话的效果。他以前的同事比尔·可维奇说："他有一次告诉我，他所学到的最重要的人事管理经验是：'只要注意听，让属下尽量能说多少就说多少。'大部分人都会解决自己的问题，给你一个答案。"

西屋电脑公司的总经理路易斯·迪席勒是一个平易近人的管理者。他办公室门上的标语是:"不要带问题给我,带答案来。"

迪席勒的这种方式不错。但必须注意的是,如果你是经理人,你也应该让部属不会害怕,把他们的问题告诉你。许多公司就是因为部属不敢让主管知道坏消息而陷入困境。我的建议是鼓励部属放心地将坏消息说出来,但是一定要附带解决的提议。

## 把握事情的轻重

我们先来做个小测试。看看下面列出的几条中,哪些与你的情形相似。

1. 先做喜欢做的事,再做不喜欢做的事;
2. 先做熟悉的事,后做不熟悉的事;
3. 先做容易做的事,再做难做的事;
4. 先做紧迫的事,后做不紧迫的事;
5. 先做资料齐备的事,再做资料不齐备的事;
6. 先做已安排好时间的事,后做没有安排好时间的事;
7. 先做有趣的事,再做枯燥的事;
8. 先做别人的事,后做自己的事;
9. 先做只需花费少量时间就可做好的事,再做需要大量时间才能做好的事;
10. 先做经过筹划的事,后做未经筹划的事。

不知上面所述的情形有多少是与你相似的。如果你的回答是"我就是那样做的",那就太糟糕了。从这个角度来讲,你不算是一个很会做事的人。

面对繁杂的事情,哪些应该优先对待?哪些应该拖延处理甚至不予处理?我们都知道有一个处理事情的原则:按事情的轻重缓急来办。也就是说,我们应当按照事情的"重要程度"来处理。那么判断事情重要程度的贡献标准是什么呢?具体说来,不同的情形会有不同的标准,但有一个标准我想是我们每个人都应该牢记在心的:对实现目标的贡献度大小。对实现目标贡献越大的事情越重要,对实现目标贡献越无意义的越不重要,它们越应延后处理。当然,在此有一个前提,那就是你得时刻清楚自己的目标。当目标失去时,先做哪件事都无关紧要。

很多道理我们都很清楚,但是,现实却总是相反。在管理工作中,最具威胁性的莫过于"先做紧迫的事,后做不紧迫的事"了。我们可能经常把每日待处理的事区分为三个层次:(1)今天"必须"做的事(最为紧迫的事);(2)今天"应该"做的事(有点紧迫的事);(3)今天"可以"做的事(不紧迫的事)。当然,对自己要做的事进行整理是一个好的习惯,但错误的却是排错了事情的优先次序。

有时,重要的事也是紧迫的事,但是,在很多情况下,愈是重要的事愈不紧迫。例如参加管理技能培训,向上级提出改进营运方式的建议、培养接班人等甚至个人生活中的诸如减肥、戒烟、检查健康状况、补牙、立遗嘱等都是重要的事,但不是紧迫的事。它们往往因为不具有紧迫性而被无限期地延迟进行。

还有许多紧迫的事情,它们通常都不是重要的事情,比如说,不速之客的拜访、外来的电话等。我们无须总是在"救火"。

## 降低你的工作量

在原始社会里,唯一的能量来源就是人类自己。但成人平均可以产生的能量不到一匹马的 1/10，显然，单独依赖人力的社会走不了多远。而一个人如果只靠自己单打独斗更不可能活得久。有时候你会听到人们抱怨：对那些一辈子拼命工作却以贫困告终的人来说，人生并不公平。但这并不是公不公平的问题，老天爷只是比较眷顾那些知道如何有效开发能量的社会或个人。

在现代工业社会里，对我们人类来说，非常紧缺的一项"能量"——更确切地说应该称作"资源"——就是时间。抱怨时间太少的人太多，而知道如何去利用时间的人却太少。

问问你自己："有没有简单一点的方法？"找出一个简单的方法可能是你所做的最聪明的一件事。别将忙碌与效率混为一谈，有时候企业里最好的职员最有生产力的时间，就是在做白日梦时。

骑自行车的人走不远。假如你过于忙碌地工作而没有时间去思考你做的事，你将无法充分利用你的成就。减少工作量，让你在活动间隙有一段时间可以反省你刚完成与思考过的事情——这有什么意义，如何利用你曾经做过的事，同时还让你有时间思考是否还有其他的方式，以及你是如何与别人配合的……你可以检查存货，储藏室的档案柜里也许有尚未使用的资源可以利用。

减少工作量你才有空做广泛而非狭隘的研究。假如你过于专注于自己小小的领域，你不会知道其他领域也许对你目前从事的事有极大的影响。除非有时间广泛涉猎、学习他人所做的事，否则创新不可能发生。

## 凡事必有先后顺序

一对夫妇决定带他们的孩子去欧洲的迪士尼乐园玩。他们的计划大致是这样的：周五晚上乘飞机飞往巴黎，晚些时候到达；周六早上吃完早餐后，从巴黎中部去迪士尼乐园，在那儿过一整天，尽兴地玩，然后回来。在孩子和保姆睡下后洗一个澡，再出去美餐一顿，放松一下心情。

这给人的第一个反应便是：那将是非常忙乱的一天。因为他们把所有活动串联在一起，好像有很多事情要做。这个故事告诉我们事情总得有一个先后顺序。很多人要么没有意识到这一点，要么即使意识到了，也没有理解事情的先后顺序意味着什么。

事情的先后顺序对我们的意义就是：我们没有安排好事情的先后顺序，将一事无成。像下面的会议，我们都不会陌生：会议达成一致意见，每个人都认为问题需要得到解决，并且就下一步采取的措施也达成了统一的意见。然后大家就一个接一个地离开了会议室。但奇怪的是，结果什么事情都没有完成。什么事情都没有完成就是因为没有列出事情的先后顺序，更糟糕的是，由于没有人总结（最理想的是得出书面总结）会议所讨论出的结果，因此每个人各自都形成了一套事情的先后顺序，这无疑使整件事情呈现出一种无序状态。事件的先后顺序还是预测未来的最好方法。简而言之，事件的先后顺序就是我们的计划，更确切地说，合理的先后顺序是一个完美计划的基础。

## 向政治家学习

有些人认为他们不需要学习政治或行销的技巧，他们只管做好工作，生产良好的产品，肯定与报酬自然而然就会跟随而来。通常，情况并非如此。擅长做你分内的事是不够的，任何工作计划都有它的政治面，忽视这一面，计划就会进展缓慢甚至夭折。

即使你不是政治家,你也必须和政治家打交道。所以,知道他们想些什么、如何决定优先顺序是很有用的。一个老练的政治家怎样决定接什么电话、见什么人?答案是:权势。当政治家面对成堆等待回答的电话留言时,他们会问:"这些电话留言里,谁的权势最大?谁可以帮助我?谁会对我不利?"市长、参议员、高级政府官员每天收到的信件和电话成百上千,假如他们亲自回复每一个,他们所能做的就只是通电话和写信了。所以,这些工作大部分都是委派他人去做。但是,即使如此,那些被委派的人也是以相同的原则来处理:"谁最有权势?谁可以帮忙?谁会造成伤害?"

一旦对所做的每件事都形成先后顺序,那么一切都会改变。这就好比从一堆待完成的工作中取走最上面的一项工作,那么事情就前进一步。更重要的是,当有新的事情出现的时候,可以用手头上正在做的工作来检验这些新出现的事情,看它们是不是和正在进行的工作相关。如果相关,那么我们便可以加以处理;如果不相关,那么我们大可以把它们放在一边。对所做的每一件事都形成了先后顺序,还意味着可以加速这些事情的进程。比如说,我们手头上正有一件事需要做,它不可避免地要牵涉到其他的一些人。我们把自己负责的事情完成后就要移交给其他的人。但通常的情况是,这件事会在那些人手里被搁置,一直无法完成。

但是,如果我们手里有一个事件堆的话,便可以沿着事件堆往下看,而不必只停留在最上层的事件,看是否可以通过做下面的事情来促使整件事情往前发展。这样,在等待其他的事情完成时,我们仍可以有所进展。

## 制定优先顺序

所有功成名就的人都会为自己的待办事项制定优先顺序。《世界主义者》的编辑海伦·格利·布朗，随时会在桌上放着一本杂志。每当她受到引诱，想挥霍时间去做对《世界主义者》没有直接贡献的事情时，瞄一眼那本杂志就可以帮她回到正轨。布朗说："你可能非常努力工作，甚至因此在一天结束后感到沾沾自喜，但是除非你知道事情的先后顺序，否则你可能比开始工作时距离你的目标更远。"

标出亟须处理事项的方法有：1.限制数量；2.制成两张表格，一张是短期计划表，另一张则是长期优先顺序表。你可以在最重要的事项旁边加上"*"，A、B、C等英文字母或数字1、2、3。

知道什么是最优先的事，比计划何时去做这件事重要得多。至于完成这件事情就是流程规划与流程运作的问题了，正如俗语所说："如果你知道目标，总有人可以告诉你该怎么去做。"

决定优先顺序时，到底什么该做、什么不该做、什么时候做什么，我们可以运用著名的80/20法则来解决这些问题。

穆尔于1939年大学毕业后，在哥利登油漆公司找到一份业务员的工作。当时的月薪是160美元，但满怀雄心壮志的他仍拟定了一个月薪1000美元的目标。当穆尔逐渐对工作感到得心应手后，他立即拿出客户资料以及销售图表，以确认大部分的业绩来自哪些客户。他发现，80%的业绩都来自20%的客户中。同时，不管客户的购买量大小，他花在每个客户身上的时间都是一样的。于是，穆尔的下一步就是将其中购买量最小的86个客户退回公司，然后全力服务其余20%的客户。

80/20 法则成了穆尔的秘方。结果如何？第一年，他就实现了月薪 3000 美元的目标，第二年便轻易地超越了这个目标，成为美国西海岸数一数二的油漆推销员。穆尔一直坚守 80/20 法则，这不但使他变得非常富有，还令他最终当上了凯利·穆尔油漆公司的董事长。你可以将 80/20 法则的基本原则应用在你拜访的客户或是你的待办计划表上：集中精力在能获得最大回报的事情上，别花费时间在对成功无益的事情上。就像穆尔"开除"80% 的客户一样，你也得删除待办事项计划表上 80% 的事情。

是否还有什么工具可以帮助我们决定事情的先后顺序呢？项目管理大师弗格斯·奥康奈尔曾提到过七种工具，即：

1. 对过程进行整体构思；

2. 在决定先后顺序时尽量照顾到细节；

3. 运用知识并利用假设；

4. 找出适用同一顺序的所有事件；

5. 寻找其他的做事方法；

6. 记录实际发生的事情；

7. 寻找事件顺序之间的联系。

他还对这七种工具进行了解释。

（1）对过程进行整体构思

想象、设想、猜想、记录下每一件事或每一项工作是如何引出下面的事件或工作的，直至最后所有事件（或工作）——从起点到终点——穿起。

（2）在决定先后顺序时尽量照顾到细节

有句老话是这样说的：问题存在于细枝末节中。的确，事实就是如此的。只有当我们穷尽研究细枝末节，只有当我们想象（对过程进行整体构思）各种各样可能发生的事情时，才可以清楚所有潜伏在前进道路上的障碍。

（3）运用知识并利用假设

你很可能会反驳说："我们不可能知道所有的事情，也不可能照顾到所有的细枝末节。"不可否认，这是事实。但我们依然还是有简单的办法的。若掌握相关知识，就运用这些知识；如果没有相关知识的话，那么就在你的大脑里构思整件事情的经过；如果你遇到某件事并且不知道接下来会发生什么，那你可以做出假设。这些假设会帮助我们把所有的事件衔接起来，从而形成一定的先后顺序。

（4）找出适用同一顺序的所有事件

同样的事情可能会在公司的几个地方相继发生，而你或许也被牵涉其中。如果是这样的话，一旦发现了某件事情中的先后顺序，便可以把这个顺序应用到其他事件中去。

（5）寻找其他的做事方法

"办法总是有的。"俗语是这样说的。我们一旦弄清楚了要做的事情以后，肯定有各种各样的方法使其完成。我们会坚持最简单的做事原则，但为防止出现偏差，我们做事时也要考虑其他的方法，这二者并不冲突。

（6）记录实际发生的事情

我们可以利用他人的经验形成事件的先后顺序。我们应当记住的是：我们的团队、我们的同事，或者是组织中的某一个人也许对某些事情有所了解，请充分发挥他们的能量。

即使事实并非如此，在开始做某件事时，我们仍然可以迅速地形成自己的知识库。弗格斯·奥康奈尔还详细地给我们提供了记录实际发生的事情的方法。他认为知识库的作用是：当下一次再计划某一件事时，即使只是稍有类似，我们也可以从知识库中提取到有用的信息。

（7）寻找事件顺序之间的联系

要想形成事件的先后顺序，有一个很有用的做法，那就是寻找顺序与顺序之间的联系。这些联系可以使你同时做几件事情，或者通过这个事件顺序加速另一事件的进度。

# 第11章　信任的力量

> 制度规范等控制手段是不信任的产物，形成自然顺序才能做到简单管理。自然顺序的缺失注注是由于管理人员凡事都喜欢"插一脚"，但根本原因却是信任的缺失。多数公司的情形是，它们试图引进新的技术以及"授权""团队建设""伙伴合作"等新词汇，但是旧有的"仁慈的权威者"模式依然一成未变——问题在于你不能用旧瓶装新酒。

## 简单管理的灵魂——信任

没有信任的世界将变得不可想象，信任对获得经营成功至关重要。但随着公司不断改变它们的经营方式，信任也变得越来越难以获得。

在过去的10年中，信任的丧失不仅仅是由于裁员或组织结构重建。我们看到正在出现一种新的组织形式，在这种组织中，维持信任关系的基础——亲和力正在被破坏。随着新的信息技术的发展，出现了"虚拟组织"。在这种组织中，雇员之间的个人联系是瞬间的，甚至消失了。人们被要求信任他们知之甚少的甚至根本就不了解的人，这使得他们在别人面前显现出前所未有的脆弱。例如，公司把员工的收入与那些他们不常见到或只是经过间接途径了解到的人联系了起来。

简而言之，我们处于最基本的两难境地：巨大的经济和商业变化，使得信任变得越来越重要，也越来越难以捉摸。

在信任度低时，你必须采取控制的方针。你不能在这样的文化中授权给人，否则会陷入全面失控的窘境。

我们都知道信任对组织的重要性，但是，在我们的心灵深处偶尔也能够认识到自己身为领导的行为与认识的矛盾。一位《财富》100强企业的领导曾说过："我心里也明白，当员工来上班时，他们没有在想：'我今天怎么来捣乱？我怎么来难为老板？'没有人是怀着这样的目的来上班的，但我们这些领导的所作所为却总让人以为我们是这样看待我们的员工的。我们害怕给他们任何钻空子的机会。"

人们的感觉是非常重要的，就如米歇尔·奥布莱恩博士所说的那样，人的情感是无法压抑的。信任在任何时候都是最重要的东西。当一个团队或组织超过一个人的规模时，信任就变得尤其重要。我们需要确认我们之间是否被彼此信任，我们的公司能够提供一个使我们个人自由发展的环境。

德鲁克说："我可以毫不为难地要求别人做得更好，别人同样也可以要求我；我信守别人做出的承诺，别人也一样信守我的承诺。"对于以上列出的不要弃之不顾，它们是普遍的、永恒的，而且是非常重要的。这是因为，在今天，信任可以说是许多团体成员之间唯一的联合基础，而这种基础是管理成功的保障。无论何时何地，信任度都拥有非常重要的实用价值，信任是社会系统里很紧要的润滑剂，它的效率极高，为人们节省了许多麻烦，因为大家对别人所说的话能有相当程度的信任感。将起码的信任和诚实视为理所当然，忘记它们在每天的经济生活中多么普遍，对于我们经济活动又发挥多么大的润滑作用。举个例子，为什么人们很少会到餐厅吃了饭不埋单或坐了计程车后不付钱就逃跑？

的确，当我们想象一个没有信任的世界时，信任的重要性就凸显出来。在这样的世界中，我们每个人都会逐渐变得喜欢怀疑一切事物，轻则使人们之间变得冷漠，重则使人们之间充满敌意。在没有信任的世界里，领导者会被认为是自谋私利和独断专行。几乎没有人愿意听从他们的领导，没有人会相信其他人的能力——只有愚蠢的人和急功近利的人才会去寻求建议或者帮助。在这样的世界中，人们更愿意单独工作或以家庭式的团队方式工作，他们担心自己会依赖他们不了解的人。由于对一个项目或一个目标的建议可能会被贯彻实施，也可能不被贯彻实施，于是这些建议变得毫无意义。团队的运作若缺乏信任的关系，就得依靠更多的规章制度与惩处办法来做管控，耗费更多的成本。

正如你已经知道的那样，信任一直都是十分重要的。但是，什么时候显得尤为紧迫？通常是在危难时期。这至少有两条原因。

网络时代，人们提高了信任的紧迫感，并且一直保持这样。他们将一直寻找能够信任的东西来满足他们的所需。如果你做不到这一点，他们是不会为你努力工作的。原因就是，那些加入你的组织的人，一直都在考虑你为他们提供的设施是否能够帮助他们更好地工作。

如果你的企业是大型企业，那么你已经错误地对待信任问题很久了。这是一个事实，现在的网络一代不会使这种错误的认识持续太久。信任不仅仅是一种社会契约，随着网络经营的兴起，它将成为你雇佣契约里的必要内容，员工将确定你是否可被信任并帮助他们更好地工作。

很多管理者会把自己放在首位——放在组织需要和其他员工最大利益之上。因为他们听过"高处不胜寒"这句话，所以经理们会过分地留心员工的言行，过分地调查公司内的传言。我发现陷入这一怪圈的新经理多得令人惊奇。有许多外表热情的、友好的专业人员都有多疑的内心，他们真的以为这种"灵丹妙药"能够让他们成为一个好经理。但是，他们知道得很清楚，他们生活在一个喜欢诉讼的社会中。他们听说过太多员工以歧视、骚扰、不公正对待等种种理由把管理者推向法庭的事件。他们需要保持高度的警惕性，这使得他们信任别人的愿望荡然无存。这种心态使得他们无法做到充分信任下属，其表现形式有以下几种。

表现之一：一位下属抱怨说："有些事情不需要经过那些官僚程序、分析和一道道关卡，而我常常觉得主管刻意想制造一些障碍，于是我不得不和他坐在一起仔细地研究每个细节。另一位下属说："这位主管总是在我面前不断地提出不客气的批评，对已经进行的工作叫停，对细节吹毛求疵，他影响到我的生产力。有几次计划已经完成，执行主任也批准了，这位主管还提出一大堆建议，坚持要我们照着他的方式去做。我的计划被迫停止，这位仁兄希望控制我的一切。"

表现之二："我和主管相处往往很不愉快，因为他对我的工作无论大小事情都要管理。他很难想象设计小组的每个成员对自己的专业领域比他懂得更多。他不断对我们的工作'放马后炮'。"所有这些不信任的表现都将影响组织的效益，更为重要的是，这样的不信任将严重影响组织目标的实现。只有信任员工，并且让员工觉得你信任他，从而对你产生信任感，才可能形成简单性文化的管理风格。

表现之三："我的主管希望我随侍在侧，好像我是他的连体婴儿似的。他接了一个电话后，会马上跑出来问我说某某文件放在哪里了，或者是他现在要去哪儿，马上就要这个或那个。我根本没有时间做自己的工作，因为我的主管寸步不离地紧盯着我。"我们常常见到的是上级不能充分信任下级，但过度信任下属的情形也并不是没有。与上面的几种表现相反的是，他们过于相信下属，因此走进了另一个极端——放任。从某个角度讲，信任下属，是领导者对下属品质、能力的充分肯定，但这绝不意味着让那些不具备良好品质和突出能力的下属任意所为，以至于破坏企业形象。

因此，信任是一种理解和依赖，放任则是一种散漫和纵容。作为管理者，你应当记住这一点，切忌混淆二者的关系。因此，信任下属是必要的，但不要过分，以致走上另一个极端——放任。信任不是放任，信任是把事情做好，放任则能把事情毁坏。作为管理者这一点一定要明白。否则，你只能自惭形秽地面对责任和良心，失去管理者的形象。

真正的信任和被信任应该是这样的：

2002年1月1日上午9点，某企业的管理者把自己的下属叫进办公室，告诉他们："先生们，我们公司已经做了很多年香肠皮了，去年的利润是100万元，今年我决定不做香肠皮了，我们改做螺丝钉和螺丝帽吧。"

所有的下属都微笑点头离开上司的办公室，以后就不再看见他们了。直到2002年12月31日下午5点，他们回到上司的办公室告诉他：公司正在生产全世界最好的螺丝钉和螺丝帽，价格低于同行15%，而且利润比上一年提高了三倍。

真正的信任是：你相信你的下属会把事情办得再完美不过，同时你也相信他们会遵循你的原则，因为你一直都让他们明白这一点。

信任的力量是如此之大，以至于你不得不对它加以重视。等等，你仅仅是需要信任你的员工吗？不，组织中的信任远不是如此简单。

## 好说不好授的权力

假如有人可以比你做得更快、更好，请他们来做。如果你的收入超出了最低的薪水，那就别做最低薪水的工作，除非你喜欢做那些工作。如果你觉得扫落叶有趣，就去做吧，但一旦它变成了琐事，就停下来，雇用其他人来做。即使不是最低薪水的工作，自己做也可能相当浪费时间，例如修理汽车、修理电器。假如你擅长修补东西或学得很快，就可以亲自动手去修理水龙头。假如你是笨手笨脚的人，而且要花很多时间学习的话，那就花钱请人来做吧，除非你没有钱或是你非常喜欢修修补补，并且感觉很好。

最近的一项研究发现，美国的经理人与专业人士在工作上都陷入了这种陷阱之中。这项针对95个办公室中1700多位员工所做的研究发现，经理人与专业人士的工作时间中，只有一小部分用在他们受雇的工作上。该项研究的指导人——经济学家彼得·萨森发现，几乎在每一个办公室里，完成一份工作所使用的经理人和专业人士都比取得经济效益所需要的多得多，而后勤人员则太少。萨森的建议是：雇用后勤人员去做事务性的工作。如果一个机构的高薪专业人员花了很多时间在做复印、装信封的琐事，这绝不是在省钱。

## 第 11 章 信任的力量

一个管理者,即使他有再大的精力和才干,也不可能把公司所有的职权紧抓不放而事必躬亲。他总是需要把部分职权交给下属,让大家来共同承担责任。

千万不要企图自己来单独完成某一件事情。你必须精于与你领导的团队里的每一个聪明的家伙打交道,与他们建立良好的合作,并充分激励他们。如果你真正做到这一点,那么恭喜你,你已经把整个世界都抛到了屁股后面。

真正做到授权后,你会发现:当你清清楚楚地告诉员工该怎么做时,他们照单全收,不多也不少;让他们发挥自主性自我管理后,他们做了很多事。你需要用心想一想:我授权的时机对吗?我是否授权过度了?我真的授权了吗?

1. 授权时机

恰当的授权的时机是:

(1)当下属中有人比你还了解这件事情时;

(2)当下属中有人处理这件事情比你还老到时;

(3)当下属中有人比你更适合处理这件事情时;

(4)当下属中有人处理这件事情比你有经验时;

(5)当下属去做这件事情比你亲自去做成本更低时。

最不恰当的授权时机是:在公司刚开始进行大裁员,发生恐慌时,或发生大变革还未稳定下来时。因为那时你的员工的情绪还很不稳定。

2. 负责任的授权

不负责任地下放职权,不仅不会激发下属的积极性和创造性,反而会适得其反,引起他们的不满。有的管理者每次向下属交代任务时总是说："这项工作就拜托你了，开始都由你做主，不必向我请示，只要在月底前告诉我一声就行了。"这种授权法会让下属们感到"无论我怎么处理，老板都无所谓，可见对这项工作并不重视。就算最后做好了，也没什么意思。老板把这样的工作交给我，不是在小看我吗"。高明的授权法是既要下放一定的权力给下属，又不能给他们以不受重视的感觉；既要检查督促他们的工作，又不能使下属感觉到有名无权。若想成为一名优秀的管理者，就必须深谙其道。

### 3. 我真的授权了吗

你也许一天到晚想的是授权，甚至一周开两次会议来讨论授权问题；你也许还上过关于授权的培训课。但是，我想问的是：当你一直在谈论授权时，你是否真的去实行了？

真正有授权的组织不会谈论这个问题，而那些大谈特谈的往往缺乏授权：它们过去花了很多时间去剥夺每个人的权力，所以才会猛然发现授权是个天外福音。

事实上，真正的授权最自然不过：人们知道必须做什么并且去做，就像蜂巢里的工蜂。真正健康的组织既会向其下属授权，而且领导要倾听正在发生的看上去不错的事情。

德鲁克说："沉静的管理者不向下级授权——'授权'是理所当然的。"我们生活的时代是授权的时代。关于授权的书，随便都可以在书店里找到一大箱。我们受到的"授权"的熏陶比我们孩童时代受到的谆谆教导还要多。但问题的关键之处在于，我们总是在做着这样的事：信任员工，却在公司里挂打卡钟。不能充分授权，怎么办？

很多管理者之所以对授权特别敏感，是因为害怕失去对任务的控制。一旦失控，后果很可能就无法预料了。

你内心真正害怕的不是任务失去控制，而是你的有些事突然不在你的掌控范围之内，这使你感到恐慌吧？

如果真的是害怕任务由于失去控制而无法完成，你也依然有办法。但你不能把它作为不授权的借口。

只要你能够保持沟通与协调的顺畅，强化信息流通的效率与效果，任务在完成的过程中，失控的可能性其实是很小的。同时，在安排任务的时候，你应该尽可能地把问题、目标、资源等向部属交代清楚，也有助于避免任务失控。

另外，管理者和员工也很容易在解决问题的方法上产生分歧。由于你相信自己的经验，你甚至会强迫部属执行你的意见，致使部属不愿意对任务负责。其实条条大路通罗马，问题的关键不是方法，而是结果。一些具体的处理细节，你完全可以授权给自己的部属来全权处理，也许，在此过程中，你的下属能够创造出比你的经验更科学、更出色的解决办法呢！

有些管理者宁可自己辛苦，也不愿意把工作安排给部下。为什么呢？他们认为，教会部下怎么做，得花上好几小时，而自己做的话，不到半小时就做好了——有那个闲工夫教他们，还不如自己做更爽快些。

问题是，就这样一直把所有的事情都拿来自己做吗？尽管现在你亲自动手可以做得比别人好，但是如果能够教会你的员工，你会发现，其实别人也可以做得和你一样好，甚至更好。也许今天你要耽误几小时来教他们干活，但以后他们会为你节省几十几百小时，让你有空做更多更深入的思考，以促成你在事业上的更大发展。

有的人认为：授权会削弱自己在组织中的地位。这是许多管理者非常害怕的事。如果把自己的权力授予别人的话，会不会因此影响自己对于组织的重要性，从而削弱自己在组织中的地位呢？

答案显然是否定的。如果能够让你的部下更加积极、主动地处理问题，你就能充分发挥团队的力量，将任务完成得更多、更快、更好，从而使自己的地位有机会得到进一步的巩固或提升。你将得到一个更有效率的工作团队，并且能够把精力集中在那些值得你全心投入的事情上。

事实上，授权往往会带来成功的机会。克林·鲍威尔将军告诉我们，作为一名领导者，他的成功有很大一部分得益于有效的分工。"我对很多方面都放任不管。"他喜欢这样说。这给了部下很大的余地去自己做决策。

对一件事而言，事必躬亲确实有利于掌握处理问题的灵活性。可是，对日理万机的总经理而言，毕竟不可能在同一时间做好几件事情。如果强迫自己面面俱到，就有些勉为其难了。

然而，通过授权把具体的工作分派出去，让自己从一个更高的层面来统辖全局，思路往往会更加灵活，同时也有更多的时间和精力来处理那些棘手的问题与突发性的事件。

也许你会认为，员工们连现有的工作都做不好，怎么可能承担更大的责任呢？乍一听，你似乎是位体恤下情的好领导，但不会有人感激你。俗话说："强将手下无弱兵。"如果你的员工在工作能力上乏善可陈，问题很可能就出在你的身上。在自然界，老鹰会把自己的孩子逼向悬崖，以迫使胆怯的雏鹰学会飞行。你也应该问问自己，是不是由于你的这种"体恤"，让公司养了一群永远也张不开翅膀的雏鹰？优秀员工的流失不是因为你的"体恤"，而是因为没有足够施展才能的机会,他们不希望变成对工作满不在乎的懒人。他们和你一样渴望接受挑战、面对挑战、战胜挑战、获得成功。但是,如果你不授权的话,他们怎么有机会实现理想呢?

由于你很能干,在很多时候你会产生"什么事情离了我都不行"的错觉。是的,也许你能够圆满地完成许多任务,但你得分身有术才行。其实,你的下属就是你手里拥有的最大的财富,他们帮你把产品卖掉,帮你和经销商讨价还价,帮你与消费者沟通……在具体的业务内容和常规工作程序方面,他们中的一些人甚至具有比你还要丰富的经验。这么好的资源,你为什么不去好好利用呢?即使看在利润的份儿上,你也该让他们的能力得到更充分的发挥啊。

## 容许犯错

作为森林王国的统治者,老虎几乎饱尝了管理工作中所能遇到的全部艰辛和痛苦。他终于承认,原来自己也有软弱的一面。他多么渴望能像其他动物一样,享受与朋友相处的快乐,能在犯错误时得到朋友的提醒和忠告。

他问猴子:"你是我的朋友吗?"

猴子满脸堆笑地回答:"当然,我永远是您最忠实的朋友。"

"既然如此,"老虎说,"为什么我每次犯错误时,都得不到你的忠告呢?"

猴子想了想,小心翼翼地说:"作为您的属下,我可能对您有一种盲目崇拜,所以看不到您的错误。也许您应该去问一问狐狸。"

老虎又去问狐狸。狐狸眼珠转了一转,讨好地说:"猴子说得对,您那么伟大,有谁能够看出您的错误呢?"

和可怜的老虎一样，许多主管也时常会体味到"高处不胜寒"的孤独。由于组织结构上的等级制度，主管和部属之间隔着一道深深的鸿沟。所有的部属对你的态度，都像百兽对待老虎一样敬而远之，因为，指出你的错误容易，可万一你恼羞成怒，他们不是自取其祸吗？更何况，由于立场不同，有些部属不仅不会阻止你犯错，反而会等着看你的笑话！尤有甚者，个别员工可能等的就是你倒台的这一天，他正好可以取而代之。下属往往是上级的影子。如果你像森林之王那样感觉到了孤独，没有人能够指出你的缺点和错误，你就得好好想想自己的行为了。你是不是无法容忍错误和失败？你是不是对下属吹毛求疵？

大多数人都以错误为耻，不过，我们只是平凡的人，谁也不能保证永不犯错。所以问题不在"有没有出错"，而在"出错时怎样处理"。Mistake（差错）一词分开就成了 mis take，这时，我们对这个词的感觉就不一样了：一部电影要好几百个"镜头"（takes）才能完成，因此，"失误镜头"（Mistake）不是耻辱，只是不能用的镜头。很多人都想掩饰过错，但是，如果我们把过错想成是失误镜头，就可以坦然和别人分享错误的经验，从中学习了。

你是否见过有人"奖励错误"？有些人是这样处理"失误镜头"的。一天中发出最多的"作废"发票的收银员，会得到一顶皇冠，还有"作废王"封号。这是他们在工作繁忙时苦中作乐的法子。

华盛顿商界的一个著名故事是一位叫蒂芬·埃特利的企业家对员工犯错误的处理方法。当他的秘书为他买错了机票时，他不仅真的搭乘了那班南辕北辙的飞机，还奖赏了这位秘书100美元。如果你是那位员工，你今后会怎么做呢？

## 第11章 信任的力量

奥尔埃冷冻食品公司会专门为失败的创新活动举行庆祝仪式，他们称之为庆祝"理想的失败"。创新就会有风险，当一项创新活动不可避免地走向失败时，公司当然会毫不犹豫地终止这个项目，但是，为了不挫伤员工继续从事创新活动的积极性，可以举行一个仪式，庆贺又得到了一个"成功之母"，让员工体面地下台。

大众广播公司还在其内部推出过一项"被抱怨奖"，专门奖励那些因推行新设想失败而招致同事抱怨的员工。1995年该奖项的获得者是其副总裁俄立克·萨斯，他因倡导公司电话接线员用朗诵腔向来电者高呼"这里是大众广播公司"而获奖。员工们抱怨说，大部分给公司打来电话的都是各联播台的同行，他们当然知道打的是哪里。萨斯的主意除了让员工白白受累之外，就是受到同行们的嘲笑，此外无他。其实，公司可以每周选一个"错误王"，拿最大的那个错误来开开玩笑。这样不仅能创造一个分享和学习的气氛，也容许员工有机会承认错误，并且修正错误。这样总比一开始遮掩错误，直到气冲冲的顾客找上门来才揭穿要划算得多了。其实，差错若是及时修正，而且多使用一些创意，不仅各方皆大欢喜，更重要的是造就了一个有价值的员工。

要主管轻松看待下属的错误，老实说来并不是一件容易的事。不过，我发现主管若能包容员工的错误，进而鼓励员工坦诚说明，他们是会得到回报的。员工犯错的次数反而会减少，因为他们是在支持、包容的环境里工作，不用老是提心吊胆的。我们活在这个"授权"的时代，许多有见识的管理者都愿意授予下属权力，却未能包容他们犯错。你若能既授权，又包容，员工会觉得受到尊重，你们的盈利一定会随之上升。

如果你依然觉得员工的错误是不可饶恕的话，我建议你不妨看看汤姆·彼得斯对这种不支持失败的态度所造成的严重后果的说明。

小的失败被单个地隐瞒和恶化下去，直到它们累积起来铸成危害更大的错误。

小的失败既然不被接受，它们也就不能迅速地进行必要的调整，结果接下来的是人们想方设法硬要把方头杆装进圆形孔里。

伪造数据（或非常随便地、片面地对数据进行解释），使失败看起来就像是成功。

高层领导人被蒙蔽或被部分地引入歧途（至少是由于失职造成的），结果会使自己愈来愈按照错误见解行事和承担责任，以致后来出现更大的失败。

由于从来不将错误摆出来讨论，也就无法从中吸取经验教训——这在那些争权夺利的高级管理人员当中更是如此。在他们中间，文过饰非、故作姿态代替了普通人之间常有的沟通交流、取长补短、批评和自省。

由于越来越多地进行模仿和仿制，真正的试验被一拖再拖，人们提心吊胆，做出耗费时日的努力以保证第一次试验不致失败——现在这种试验已经处于众目睽睽之下，而且已付出了昂贵的代价。

微软公司愿意聘用那些曾经犯过错误而又能吸取经验教训的人。微软的执行副总裁迈克尔·迈普斯说："我们寻找那些能够从错误中学会某些东西、主动适应的人。在录用过程中，我们总是问应聘者：你遇到的最大失败是什么？你从中学到了什么？"

格里格·曼蒂与别人一起在 1982 年共同创立了爱林特计算机系统公司，10 年后，公司由于入不敷出而倒闭。而微软在 1992 年 12

## 第 11 章  信任的力量

月聘用了曼蒂，任命他为部门主管，负责筹划如何把新技术用来制造消费产品。微软从曼蒂身上发现的不仅是他的技术和管理经验，更重要的是，曼蒂看起来是一个敢用远见打赌的人——即使这种远见付诸东流。微软的人会告诉你：用远见打赌是公司存在的全部。许多远见最终以失败告终，但这并不重要，重要的是他们曾尝试过。

在寻求有远见的冒险者时，微软喜欢尝试那些成功地处理过失败和错误的人。一位高层管理人员说："公司接受了很多内部的失败。你不能让员工觉得如果做不成，他们就可能被解雇——如果那样，没有人愿意承担这些工作。"在微软公司，最好是去尝试机会，即使失败，也比不尝试任何机会好得多。

提拔曾犯错误的员工是微软的优良传统。副总裁鲁兹·席格门曼有一次兴高采烈地对其下属讲述自己的职业生涯："我起初负责的是区域网络系统的行销工作，但是一败涂地。接着公司派我负责视窗系统中的 Workgroups 的行销工作，起初很不稳定，但逐渐有了起色，于是我被派任比尔的助理。在提出对线上商业服务的建议后，他让我负责开发这个领域，结果是在不稳定中获得成功，因此我获得了今天的副总裁的职位。很难想象如果我一开始就一帆风顺，今天又会是怎样的局面。"

1998 年，微软的 Excel 软件上市后被发现有重大瑕疵。当时的产品经理硬着头皮去见比尔·盖茨详述此事，建议将上市产品全数收回。比尔告诉他："今天你让公司损失了 2500 万，我只希望明天你表现得好一点。"时至今日，这位产品经理——杰夫·雷克斯已经成为微软内部顶尖的主管之一了。

由于待开发的领域太多，所以"容许失败"早已成为微软工作程序的一部分了。只要是在合理的范围内，微软人往往不需要为犯错而受到惩罚，因此不会因为畏惧而怯于挑战新事物。就员工而言，不但可以激发其想象空间，更不会轻易放弃任何一个含有进步因素的机会。对公司来说，容许失败正是进步的契机。

"勇于尝试必有所得"，这项原则在微软轻松的工作气氛中获得了真正的实践。

在任何一个积极、创新、追求成功的企业环境中，都有"容许犯错"的特点。对错误的容忍已成为杰出公司的精神内涵之一，而且直接由公司高层灌输培养这种精神。不过值得注意的是，经常性沟通能将失败带来的打击降低到最低限度。最严重的挫败，也就是那些真正会留下伤疤的失败，通常是在缺乏认真明确的指导沟通并任由计划进行了好几年后所产生的后果。但正如你所了解到的，上述我所提到的杰出公司都有开放的沟通环境。在那样的环境中，上司与下属、同事之间总是开诚布公，互相沟通、交换意见；你根本无法隐瞒任何事，你也没有必要这么做。

# 社会篇

社会林

# 第 12 章  企业是社会的细胞

> 企业是社会的细胞,社会是企业利益的源泉。企业作为社会的重要组成部分,同样是"国家公民"之一,它有追求自身经济利益最大化的权利,又承担着"积善扬德、助困扶弱"的社会责任。企业竞争力在很大程度上依赖于企业竞争环境。企业慈善行为可以博得更多的社会认同和影响,能增强企业的竞争力。一个有社会责任感的企业,消费者对其产品也就更加信赖。因此,成功的企业既要做好自己的商业品牌,也要树立企业的社会公民意识。

## 企业与社会群体的关系

在德鲁克看来,企业存在于社会之中,不可避免地要与企业外的社会群体发生经济交往,进行利益交换。企业与外部环境发生的关系,主要分为三大块:企业和企业的关系、企业与生态自然的关系、企业与社会群体的关系。

企业和企业的关系,也就是市场竞争中竞争主体之间的关系。虽然竞争对手永远不会心慈手软,但企业仍有必要保持与竞争对手间交往桥梁的畅通。当彼此间建立了一定程度的了解，企业间就最大限度地降低了公开交战的潜在的可能性。现代企业讲究的是"竞争合作达到多赢"，即竞合双赢。

企业与生态自然的关系，也就是经济发展与环境保护之间的动态平衡关系。一项民意测验表明：中国74%的城市消费者表示拒绝使用有损环保的产品。杜邦化学公司总裁伍拉德说："应该告诫那些故意无限期拖延面对环境问题的公司，社会不能容忍它。"大量使用氟利昂的Mac Millan Bloedel公司一夜之间失去了5%的销售额，而那些采取保护环境措施积极的企业在市场上获得了越来越多的竞争优势。

企业与社会群体的关系，是影响企业内部生存环境的最主要关系，它实质上是微观和宏观对立统一的关系。企业本身是一个微观的主体，但其活动却是社会的。

我们知道，社会群体构成了企业生存发展的重要外部环境。他们对某个企业的看法，决定了该企业声誉的好坏。企业为了建立和维护良好的公共关系，必须加强与社会群体的交流和沟通，建立良好的公共关系。同企业有利害关系的社会群体，包括客户、投资人、供货商、竞争对手、政府、新闻媒介与权威人士等。

1. 客户

企业与社会的关系，最重要的是企业与客户的关系。客户作为社会的一部分，是企业与社会关联的重要途径之一，企业的社会声誉往往通过企业产品品牌美誉度、企业信用度等来体现。企业需要了解客户的想法，而客户需要了解企业在干什么、为什么这样干、对自己意味着什么。客户总是乐意与自己信任的企业交往，可信赖的双向交流是建立良好的、令人信任的关系的基础。

### 2. 投资人

投资人需要了解企业的行为方式，而企业经营中出现的不利情形，对投资人保持对企业将来的信念具有极大的破坏力，因此，双方需要长期的信息交流，以消除误解，保持信念。对国有企业来说，投资人是国家；对国企经营者来说，其重要的公关对象是政府首长以及国资管理部门。

### 3. 供货商

当企业对供货商以礼相待并做到互通商情时，他们就成了促进企业发展的同盟者，他们能够为企业提供竞争对手以及更为广泛的商界内部信息。

### 4. 政府部门

政府官员希望看到企业正在为公众利益而思考着、忙碌着，为政府排忧解难，分挑重担。因此，必须妥善地传递企业的良好决策，使政府在与企业交往中发现互利的因素。

### 5. 权威人士

许多大企业的公共关系名单中，少不了一群在企业感兴趣的业务范围里很有影响的权威人士，他们被尊称为顾问、专家，不仅学识丰富，而且新闻媒体往往征询并发表他们对企业的意见和建议。他们需要了解企业，而企业更应该主动结识他们、善待他们，并保持着密切联系，主动提供企业信息。

### 6. 新闻传媒

媒体是企业与社会、客户（现有的和潜在的）、合作伙伴、政府主管部门等相关方面联系的纽带。当今世界，任何企业、任何人的事业成功，无不需要借助传媒的力量。自觉主动而目的明确地借助传媒之力，策划生动的新闻事件，是企业树立良好公共关系的一项基本功。许多企业"成也传媒，败也传媒"的经验和教训告诉我们：对"无冕之王"新闻记者正当合法的采访要求，企业必须建立一套处理公共关系的规范，对所有员工进行训导，不卑不亢，谦虚谨慎，戒骄戒躁，以诚相待，从而保持与媒体的良好关系。

## 贡献是管理有效的关键

我们生存在世界上的每一个人，都是管理者，起码得管理自己。同时又都是经理，经营着自己的一生。然而结果却不仅与我们的愿望和投入的心血有关，也与我们能否清晰地洞察世界，透彻地理解人生有关，还与我们是否精通经营之道、掌握经营方法有关。但是，同样是管理者，人与人之间差别很大，怎样才能成为一名卓有成效的管理者呢？

彼得·德鲁克先生指出："重视贡献是有效性的关键。"可是大多数的管理者都是眼光朝下。他们重视勤奋，而忽略成果。他们耿耿于怀的是：所服务的组织和上司是否亏待了他们，是否该为他们做些什么。他们抱怨自己没有职权，结果是做事没有效果。

有效的管理者，必注重贡献。他会眼光朝上，使自己的工作朝向目标。他常自问："对我服务的机构，在绩效和成果上，我能做出什么贡献？"他强调的是责任。

重视贡献，是有效性的关键。所谓有效性，包括自己的工作——其内容、其水准及其影响，还有自己与他人的关系——对上司、对同事和对下属，也包括各项工具的运用，例如会议或报告等。

德鲁克常问企业学员："你在贵公司服务，自认为你应该做些什么呢？"通常对方的回答总不外是："我主持本公司的文化部工作。""我负责市场部门。"或是说："嗬！我要管1000多人的工作！"但是很少有人这样回答："我为团队成员提供资源支持，保证他们能够完成各自的任务。""我的任务，是向我们的经理提供他所需的资料，使他能做正确的决策。""我负责研究本公司的客户将来需要些什么产品和服务。""我要为我们的总经理即将面临的一些决策问题准备有关资料。"

一个人不论其职位多高，如果仅仅是勤奋，如果老是强调自己的职权，那么他永远只能是别人的"下属"。反过来说，一个重视贡献的人，一个注意对成果负责的人，尽管他位卑职小，他还是可以位列于"高层管理人员"。因为他以整体的绩效为己任。

重视贡献，才能使管理者的注意力不为其本身的专长所限，不为其本身的技术所限，不为其本身所属的部门所限，才能看到整体的绩效。同时也才能使他更加重视"外部世界"，唯有"外部世界"才是产生成果的所在。因此，他将会考量自己的技能、专长、作用，以及所属的单位对整个组织及组织目标的关系。只有如此，他才会凡事都想到顾客、服务对象和病人。事实上一个组织之所以存在，不论其产品为管理咨询、培训服务、普通商品、政府服务还是健康医疗，最终总是为了顾客、为了服务对象，或为了病人。因此，重视贡献的人，其所作所为是截然不同的。

管理者如果不自问"我能做出什么贡献"，则目标不但短浅，而且目标往往错误。他们总是把自己的贡献限制得很窄。

"贡献"这个名词，其含义非常广泛。每一个组织都需要三个主要方面的绩效：直接的成果，价值的实现和未来的人力发展。缺少了任何一方面的绩效，组织注定非垮不可。因此，每一位管理者都必须在三方面均有贡献。当然，三者之间，可以有轻重先后之分，这要看管理者本人的个性和地位，以及组织本身的需要。

重视贡献，足以消除管理者的一项基本问题：让你在一团乱麻似的事务中理出轻重缓急来。重视贡献是一项组织的原则，使管理者能掌握各项工作的关联性。

重视贡献，还可将管理者的先天弱点——过分依赖他人，以及属于组织——转变为力量，进而创造出一个坚强的工作团队来。

最后要交代的是，我们常有一种倾向：为组织内部所惑，跳不出组织之外。重视贡献，才能使管理者的视线从"勤奋、工作和内部关系"转移到"外部世界"，转移到组织的成果。重视贡献，才能使管理者努力与外界进行直接接触，包括市场和顾客、病人、社团，以及政府机构以外的公众。

总之，着眼于贡献，就是着眼于有效性。

## 管理的使命是"领导"社会人

在人们的心目中，有关人和对人的管理的基本传统假设早已根深蒂固、深入人心（虽然大部分是潜意识上的），其他方面的假设无法与其相比，但应该注意到，这些假设完全与事实不符，全然没有达到预期的效果，它们与其他方面的假设也无法相提并论。

"企业应该采取或至少应采取一种管理人的方式。"

现在，这个假设几乎已经成为有关对人的管理的所有著作或论文的基石。道格拉斯·麦格雷戈（Douglas McGregor）的著作《企业的人性层面》（*The Human Side of Enterprise*）引用这个假设的次数最多。在这部著作中，道格拉斯·麦格雷戈认为管理者在管理人的时候只能选择两种不同的方式："X 理论"和"Y 理论"。随后他认为只有 Y 理论是合理的。

几年以后，马斯洛在他的著作《优心管理》中称："我和麦格雷戈都说错了。"他不容反驳地说，企业需要采取不同的方式来管理不同的人，量体裁衣的理论才是恰当的。

关于企业有或至少应有一种且唯一一种管理人的方式的假设奠定了有关组织中的人和对人的管理的所有其他假设的基础。

在这些假设中，有一个假设认为，为组织工作的人是组织的雇员，他们全天工作，组织是他们维持生计和发展事业的依靠。还有一个假设认为，在组织中工作的人是组织的下属。实际上，有一种观点认为，这些人中大多数人要么没有任何技能，要么只掌握了初级的技能，组织要求他们做什么，他们就做什么。

80 年前，在第一次世界大战期间，当这些假设第一次出现的时候，它们完全符合事实，因而被认为是正确的假设，但发展到今天它们都不再站得住脚。大多数为组织工作的人可能仍旧是组织的雇员，然而少数人，虽然也为组织工作，但他们不再是组织的雇员，更不用说全天工作了。这些人的数量也仅仅占少数，但是其人数还在稳步上升。他们为外包承包商工作，如在医院或制造企业中提供维护服务的外包公司，或帮助政府机构、企业管理数据处理系统的外包公司。他们是"临时雇员"或兼职人员。越来越多的人成为赚取咨询费或在规定的合同期内工作的个人承包商，这尤其符合部分为组织工作、知识最渊博，因而是最有价值的人的实际情况。

即使能够成为组织的全职雇员，作为"下属"的人也是越来越少——即便是从事相当底层的工作，也是如此。他们已经逐渐成为"知识工作者"（knowledge worker）。同时，知识工作者不是下属，而是"合作者"。在实习期过后，知识工作者必须比老板更了解自身的工作，否则他们就体现不出任何价值。事实上，在知识工作者的定义中也提到，"他们比组织中的其他人更了解自身的工作"。此外，今天的"上级"通常没有做过"下属"所从事的工作，而几十年前的情况及现在许多人仍然持有的观点，正好与现实大相径庭。

仅仅在几十年前，军队里的团长还曾经做过下属做的每一项工作，包括营长、连长和排长。从级别低下的排长到地位显赫的团长，其实这些岗位所做的具体工作完全相同，唯一不同之处就是他们指挥的人数不同。确实，今天的团长在军旅生涯的早期就开始指挥部队，但持续的时间不会很长。他们也曾经由上校和少校晋升到现在的职务，但是在大部分军旅生涯中，他们曾经做过参谋，参与过研究项目，教过书，在驻外使馆工作过。他们只不过不再想当然地认为自己了解"下属"（如指挥一个连的上校）所做的工作或准备做的工作，当然这些团长也当过上校，但是他们可能从没有指挥过一个连。

同样，负责市场营销的副总裁或许也是由销售部门的员工一步一步地晋升到这个职位的，他或者她对销售活动了如指掌。但这些副总裁对市场调查、定价、包装、服务和销售预测等情况一无所知。因此，营销副总裁可能无法告诉营销部门的专家应该做什么和怎么做，但这些专家却是营销副总裁的"下属"，而营销副总裁无疑要负责监督专家的工作，对绩效进行衡量，督促他们为公司的营销工作做出应有的贡献。

同样的道理也适用于医院的院长或医疗总监,他们虽然管理那些在临床实验室或理疗部门工作的、训练有素的知识工作者,但是他们也不一定有这方面的工作经验。

当然,这些合作者(知识工作者)也是"下属",因为他们的聘用、解雇、升迁和评级都取决于"老板"。但是,在这些人自己的工作岗位上,只有这些所谓的"下属"承担起教育上级的责任,即帮助"上级"了解市场调查或物理治疗法的内容、具体的程序和各自的"绩效",上级才能发号施令。反过来,这些"下属"需要上级下达命令。他们希望上级告诉他们,他们应该如何表现。

换句话说,他们之间的关系与其说属于传统的上下级关系,还不如说就是交响乐团中指挥与乐器演奏者之间的关系。通常来说,组织中的上级,不一定会做下属做的工作,就像乐队的指挥不会演奏大号一样。反过来,知识工作者需要上级发号施令和给整个组织评"分",即规定标准、价值、绩效和效果。正如交响乐团会影响到才华横溢和独断专行的指挥家的指挥质量一样,知识型组织也可以轻而易举地降低最精明能干的上级的管理质量,更不用提对最独裁的上级的影响了。

总之,企业需要采用管理志愿者的方式来管理越来越多的知识工作者,也就是所谓的全职雇员,当然要给他们报酬。但是知识工作者具有流动性,可以跳槽,因为他们自己掌握的知识就是自身拥有的"生产资料"。

我们知道,金钱不足以激发人们工作的动力。但是人们显然会因为对来源于金钱的不满足感而产生消极情绪。然而40年前,即

1959年，赫茨伯格（Frederick Herzberg）在他的著作《工作的激励因素》(The Motivation to Work)中指出，对金钱的满足感主要是一个"保健因素"。激励人们工作的因素，特别是激励知识工作者工作的因素，与激励志愿者工作的因素是同一个因素。我们知道，由于志愿者不领取工资，因此他们从工作中获得满足感必须比领取工资的雇员多。最重要的是，他们需要挑战，需要了解组织的使命并对使命深信不疑。他们必须不断地接受培训，也需要看到最终的工作绩效。

上面的论述表明，企业管理者需要采取不同的方式来管理不同类型的劳动者，而且对于相同类型的劳动者的管理方式也需要因人而异、因时制宜。企业越来越需要采取管理"合作者"的方式来管理"雇员"，而合作关系（partnership）的定义也指出，在地位上，所有合作者都是平等的，不能向合作者发号施令，他们需要采用说服的方式。因此，管理者的工作日益成为一项"销售工作"，也需要悉心经营。在销售的过程中，我们不会首先问："我们想要什么？"而是会问："对方想要什么，他们有什么样的价值标准，他们的目标是什么，他们想要得到什么样的结果？"而这些都不是"X理论""Y理论"或任何其他管理人的理论可以解答的。

我们或许不得不完全推翻过去"对人的管理"的定义，它可能根本不是针对"管理雇员的工作"。理论与实践应该把"以绩效为目标的管理"作为基本出发点，而出发点应放在对结果的定义上，这与交响乐团的指挥和橄榄球教练的出发点都是成绩一样，它们有异曲同工之妙。

知识工作者的生产率很可能成为对人的管理的核心，正如100

年前泰勒那个年代，这个中心议题是围绕体力劳动者的生产率展开的一样。最重要的是，这要求人们对组织中的雇员及其工作提出截然不同的假设：管理不是"管理"人，管理的使命是"领导"社会人，管理的目标是充分发挥和利用每个人的特定优势和知识。

# 第13章 管理应承担社会责任

在古典观下,企业的管理在实现利润目标的过程中就在承担着社会责任,因为企业的社会责任与利润取向是完全一致的。而在社会经济观下,我们有充足的理由表明,与不承担社会责任相比,承担社会责任或许会使企业的短期利益受到损害(承担社会责任通常要付出一定的代价),但换来的却是比所损害的短期利益多得多的长期利益,从而企业的社会责任行为与其利润取向相容。

## 企业应该承担社会责任吗

企业应该承担社会责任吗?这是近年来谈论较多的话题。弗里德曼曾对此做出了否定的回答。弗里德曼是当代著名的经济学家,他的回答比较具有代表性,值得我们认真对待。

严格地说,弗里德曼并不认为企业完全不需要承担社会责任,在他看来,企业有且只有一种责任:在法律和规章制度许可的范围之内,利用它的资源和从事旨在于增加它的利润的活动。弗里德曼的论证包含两部分。首先,如果管理层具有社会责任,他们又怎么知道这些社会责任是什么呢?个人能决定自身负担的社会利益是什么吗?他们能决定加在自己身上的负担多大才是合适的呢？像税收、开支这些公共的职责，是否可以由私有集团选举出来并控制着特定企业的人去实施呢？

弗里德曼举了1962年美国钢铁公司取消钢铁提价的例子。提价本来是一个企业正常的经营决策，但由于人们认为这涉及公众利益，应该是一个公共政策，于是肯尼迪总统向美国钢铁公司施加压力，迫使它放弃了提价的计划。更有甚者，当时有一种流行的观点认为企业有责任抑制价格与工资的增长，以避免通货膨胀。这些观点的荒谬不言而喻，如果管理层要承担这些责任的话，那么他们都成政治家了。弗里德曼对这些观点的批驳是准确的。

弗里德曼继续论证，企业不该参与慈善活动（弗里德曼并非厌恶慈善事业，他暗示这些事情应该由股东个人来做），理由是：公司是股东的工具，假使公司捐赠款项，就否定了股东处分其股份的权利。

企业确实没有参与慈善捐助的法律义务，但是在现实中，恰恰是优秀的企业常常参与慈善活动，而劣质的企业则与慈善绝缘。慈善活动可以提升公司的公众形象，完全符合公司的利益，而且一般来说，数目有限，给山区的孩子捐一点课桌椅，给社区的老人送一点棉被、"金龙鱼"，对于财务报表的影响几乎可以忽略不计，对此股东一般也不会提出异议。

弗里德曼假定股东总是反对企业承担社会责任的，而总经理又无权处置企业财产，前者不尽符合事实，后者不合法理。在后来发表的一篇文章中，他又承认股东会支持慈善活动，但又激烈地指责这是在沽名钓誉。弗里德曼甚至反对对企业捐赠部分减免征税，因为这会使股东赞同公司参与慈善活动。我实在看不出其理由何在，难道谁强迫股东了吗？

把企业看作一个工具是学术上的抽象。企业由一群活生生的人组成，利益从来是重要的，但也从来不是唯一。一个人谈到自己的成就的时候，除了市盈率以外，应该还有别的东西。当然弗里德曼可以指责人们在沽名钓誉，但是，难道他是在讨论道德问题吗？慈善背后的动机也许不够纯良，难道做生意赚钱背后的动机就一定是高尚的吗？你既然允许别人一毛不拔，就不允许别人沽名钓誉吗？我常常感到，西方的一些著名学者时不时都要发表些离谱的言论，更不用说我国一些头脑简单、感情冲动的学者了，再加上媒体不怀好意的渲染夸大，读者或网民的先入为主，难怪这些年来经济学家的形象如此糟糕。

德鲁克在《管理实践》最后一章专门论及了企业的社会责任，他在评论曼尔维尔"私人的恶恰恰成就了社会的善"这一论点时说："他是对是错不重要，没有哪一个社会立足于这样一种信念之上而能够长久存在。因为在一个美好的、有道德而持久的社会里，公众利益必定总是立足于私人品德之上的。"

## 社会维度关系企业生死存亡

管理的一项重要任务是：管理组织机构产生的社会影响和应承担的社会责任。社会中的任何组织机构都不仅仅是为了自身而存在的，也不是以自身为目的。任何一个组织机构都是社会的一个器官，而且是为了社会而存在的，商业企业也不例外。自由企业不能根据对商业的影响来评定其好坏，只能根据它对社会产生的影响来进行评价。

商业企业之所以会存在，就是为了向顾客提供满意的商品和服务，而不是为了给员工和管理者提供工作机会，甚至也不是为了给股东赚取利益和发放股息。医院之所以存在，并不是为了医生和护士，而是为了病人。而病人的唯一愿望就是治好病以后离开医院，并且以后也不愿意重返医院，所以医院就是为了提供治疗病人的服务而存在。无论是从心理、地理、文化角度，还是从社会等角度来看，组织机构都必须是社会的一个组成部分、一个重要器官。

为了履行义务、实现工作目标以及向顾客提供商品和服务，商业企业必然会对人、社区和社会产生影响。这样，它就不得不对人（如员工）拥有权力和权威，而员工自己的目标和目的并不是由企业来规定的，也不是包括在企业之中的。作为邻居与提供工作和税收收入的来源，同时也是废物和污染物的来源，企业必然会对社区产生影响。而且，在这个由各种组织构成的多元化社会里，除了对生产的数量（经济商品和服务）重点关注以外，企业还必须关心生活的质量，也就是说要关注现代人和现代社区的自然环境、人际环境与社会环境。

仅仅在几年以前，管理者和经济学家还认为企业的社会维度是如此不可捉摸，以至于不可能为其确定绩效目标。但现在我们知道：实际上，不可捉摸的社会维度完全有可能转化成为有形的目标。以消费主义或由于工业对环境的破坏所引起的攻击为代表的教训，往往意味着要花费很大的代价。这些教训使我们懂得：企业必须深入思考其影响和应承担的责任，并在这两方面设定具体的目标。

社会维度是关系企业生死存亡的一个维度。这是因为企业存在于社会和经济之中。在某个组织机构之中，人们常常会认为该机构是独立存在于真空之中，而管理者也不可避免地从内部来看他们经营的企业。但是,企业是社会和经济的产物,社会或经济可以在一夜之间就使任何该企业不复存在。只有在社会和经济容许的条件下,企业才能存在并发展,而且只有当社会和经济认为企业是在从事工作,在做必要的、有价值的、有较高生产率的工作时,该企业才能存在。

我们需要将目标纳入企业的战略之中,而不仅仅把它们视为一种良好愿望的陈述。这些目标之所以需要,并不是因为管理者对社会负有责任,而是因为管理者需要对所经营的企业负有责任。

对于"企业是什么"这个问题,商业界人士典型的回答可能会是:"企业是一种以盈利为目的的组织。"类似地,典型的经济学家可能也会这样回答。但是,这种回答不仅是错误的,而且答非所问,人们不能用利润来说明或界定企业的概念。

有关企业使命及其行为的主导经济理论,即利润最大化——它只不过是用复杂的方式来表述"贱买贵卖"这句老话——也许可以恰如其分地说明理查德·西尔斯(Richard Sears)本人是如何经营的,但不能说明西尔斯罗巴克公司(Sears Roebuck)或任何其他企业是如何经营的,也不可能说明应该如何经营企业。事实上,利润最大化这一概念是毫无意义的。而且,它的危险在于它使盈利性变成了企业追逐的唯一目的。

但是话又说回来,对社会来讲利润和利润率还是极为重要的,甚至比对个体企业的意义还要大。但是,盈利性却不是企业和商业活动的最终目的,它只是其中的一个限制性因素。利润并不是企业的行为和决策的解释、原因或其合理性的依据,而是对其有效性的一种考察。如果坐在董事会宝座上的不是一些商业者,而是一些大天使

（archangels），那么尽管这些大天使他们个人对于获得利润完全没有兴趣，却仍旧不得不关心利润率。这个道理同样适用于那些远非大天使的个人。

产生这种混乱的根源在于这样一种错误的观念，即认为一个人的动机——所谓商业界人士的利润动机——是对其行为的解释或促使其采取正确行动的向导。实际上，到底是否存在利润动机，是非常值得怀疑的。"利润动机"一词是由古典经济学家创造出来的，用于解释其静态均衡理论所无法解释的那些经济事实。到目前为止，从来就没有什么证据表明的确存在利润动机之说，并且我们早已找到了经济变革和增长的真正原因，而最初人们都是用利润动机来解释这些现象的。

不论是否真的存在一种利润动机，对于理解企业行为、利润和利润率是没有任何作用的。吉姆·史密斯（Jim Smith）为了谋利而从事商业活动，这一事实只同他本人和他所经营的录音天使（Recording Angel）有关。实际上，并没有什么能够告诉我们，吉姆·史密斯做了些什么以及他是怎么做的。如果有人告诉我们，一个人到内华达大沙漠去寻找铀矿只是为了发财，那么仅凭此话我们对他的工作仍然是一无所知；如果有人告诉我们，一位心脏专家是为了谋生或是试图造福人类，那么此时我们对他的工作也是一无所知。利润动机以及由此衍生而来的利润最大化，与我们所理解的企业职能、企业宗旨以及对其进行的管理工作之间是没有丝毫关系的。

事实上，自从有了利润动机和利润最大化这一概念，它比过去"没有丝毫关系"还要差，它会带来其他一些危害。它是在社会中使人们对于利润的性质形成误解，并深刻仇视利润的一个主要原因，而这是工业社会中最危险的弊病之一。在美国和西欧,由于未能理解企业的性质、职能和宗旨,在公共政策方面产生了一些严重的错误,其根源也在于此。此外,还有一种普遍的看法,即认为利润和公司做出社会贡献的能力之间存在固有矛盾。实际上,形成这种观念的根源,也主要是由于利润动机和利润最大化这一概念。事实上,只有在获得很高利润的情况下,公司才能对社会做出贡献。说得更直接一些,一家破产的公司并不是人们为之工作的理想企业,也不可能成为一个好邻居或社区中的好成员——尽管目前有些社会学家似乎并不是这样认为的。

我们必须从企业的宗旨入手来理解"企业是什么"。然而,企业的宗旨必须是存在于企业自身之外的。因为企业是社会的一种器官,所以企业的宗旨必须存在于社会之中。实际上,企业的宗旨只有一种适当的定义:创造顾客。

众所周知,市场不是由上帝、大自然或各种经济力量所创造的,而是由商业界人士所创造的。在获得能够满足其需要的商品之前,顾客可能已经感觉到企业能够满足他的某种需求。就好像饥荒年代中对食物的需求一样,这种需要可能在顾客的生活中占据着主导地位,并且充斥着他的需求意识,但在商业人士把这种潜在需求变成实际供给之前,它仅仅还是一种潜在需求。而且,只有在成功地将其转变成实际需求以后,才会出现顾客和市场,在此之前,潜在顾客可能并没有感觉到自己的需要。例如,在静电复印机或电子计算机出现之前,谁也想不到顾客需要一台复印机或一台计算机。在企业采取创新、信贷、广告或推销等方法创造出需求以前,关于特定商品的需求可能并不存在。以上所讲的每一种情况,都是由企业的活动创造出顾客。

"企业是什么"是由顾客决定的。只有当顾客对一种商品或一种服务有付款意愿时，才能使经济资源转化成财富，使物品转化成商品。顾客所购买的，并认为有价值的东西，绝不是一件实实在在的产品，而始终是"效用"，即一件产品或一项服务可以为该顾客做些什么、带来什么影响。顾客是企业的基础，是使其持续存在、发展的动力源泉。只有顾客才能提供就业机会，正是为了满足顾客的要求和需要，社会才把创造财富的资源交给企业，创造所需的产品或服务，以此在社会上创造了就业机会。

接下来，我们来考虑管理的第二项任务：使工作富有生产力，并且使员工有所成就、产生效益。商业企业（或其他任何组织机构，如医院、学校等）只拥有一项真正的资源：人。管理的第一个任务是靠人来实现的，管理工作的目的，就是使人力资源更富有生产力。通过员工完成工作，管理也同时完成了自己的任务。因此，使工作更富有生产力，是管理的重要职能。但与此同时，在当今社会里，这些组织机构也日益成为个人维持生计并取得社会地位、与人交往、实现个人成就和满足个人需求的必要手段。所以，使员工有所成就显得越来越重要，并成为衡量组织机构绩效水平的重要指标。由此可见，使员工有所成就，逐渐地成为管理的一项重要任务。

按照自身的逻辑来组织工作，仅仅只是管理的第一步。第二步比第一步困难得多，它要使工作与人相互匹配，而人的逻辑与工作的逻辑存在明显的差异。要使员工有所成就，意味着要把人看成是一种有着特殊的生理与心理特点、能力、缺陷以及拥有不同行为模式的有机体，还意味着要把人力资源看成是活生生的人而不是物。

"根据统计学显示的规律，任何组织都不可能找到足够多的'优秀人才'，一个组织唯一能够在知识经济和知识社会中成为杰出的途径是使现有的人们产生更多的能力——通过对知识工人的管理产生更大的生产力。这个挑战，引用一句老话就是：'让凡人做非凡之事。'"德鲁克在2002年2月的《哈佛商业评论》中写道。

# 第14章　企业家的自我管理

德鲁克认为，在当今社会，知识是人和整个社会的基础资源，而拥有知识的人便是这个时代最重要的资产。所以，管理者必须善于自我管理。自我管理是个人对自我生命运动和实践的一种自发或主动调节。自我管理的关键是充分调动自身的各种调节功能，通过发现优势准确定位自己，并且遵从自身的价值观。激发自身的潜能。自我管理是个人对自身价值的追求，建立明确的目标并一以贯之地执行是走向成功的基础。卓有成效的管理者都是善于发现自我优势、善于利用自己的优势做事、坚持自己的价值观、注重奉献并且善于利用时间的人。

## 发现并拓展你的优势

德鲁克认为，在我们的社会中，多数人总以为知道自己的优势，其实事实恰好相反，人们往往会花更多的精力改善自己的劣势。而即使如此，人们也经常把自己的劣势搞错。问题的关键在于，人们只能凭借自己的优势来获得绩效，而不能把绩效建立在自己的劣势上，更不用说通过做自己根本无法胜任的事来取得绩效。

德鲁克的这一观点，极其深刻地揭示了人们日常生活的细节问题。环顾我们生活的世界，又有几个人真正意识到发现自己优势的重要性？我们在不断地弥补自己的短处，期望通过改变劣势来适应社会的需要，而一个显然的逻辑是：任何一个行业都需要发挥人的优势，如果你都不能依靠你的优势取得成功，又如何能寄希望于你的劣势呢？

德鲁克敏锐地感觉到这个问题的重要性。他认为，我们社会的大多数人其实在学习自己并不擅长的东西，学校教育也如同生产流水线一样，忽视了个体差异，一味蛮干。我们总是把一些没有能力的人培养成低能力的人，同样的事情在企业中也广泛地存在。比如，让一个销售方面的天才去做复杂的行政工作，并美其名曰"接受磨炼"，这其实是对人力资源的最大浪费。让正确的人在正确的时间做正确的事，这是管理用人中的铁律。

我们每个人，作为个体，并不是真正了解自己的优势，而是花大量的精力去修改自己的"个性"。而问题在于，人的天赋和个性并不能轻易改变。我们处于一个"唯一的不变就是变化"的时代，花大量时间去做自己不擅长的事，既不能充分展示自我优势，也不能更好地适应时代的需要。这样的逻辑非常容易得到证明。当今时代，获取知识的渠道非常广泛，让一个资质中等的人专注于某一领域，10年内他完全可以成为这方面的专家。可是问题在于，首先，我们如何才能确定其所投身的领域在未来的社会会被广泛接受，尤其是观念、思想、技术更新的速度已远远超出了我们的想象。未来社会的需要，对生活在今天的人而言，并不是最为迫切的问题。其次，又有谁能花费足够的精力去专注于自己不熟悉的领域达10年之久？

德鲁克所倡导的发现自身的优势，并不是说你可以不具备其他方面的知识，而是综合个人的基本情况来看。在我们所处的这个时代，知识更新、变化的速度太快，每个人都应该"以不变应万变"，准确地发现自身优势，并坚决地不在自己不擅长的领域浪费精力，更不要在你无法胜任的领域奢望获得成功。所以，任何人——无论是知识生产者还是普通劳动者，无论是企业中的管理者还是一般员工，都必须首先在观念上给自己重新定位，进而改变思维方式，专注于自身的优势。若要专注于自身优势，就必须知道怎样发现自身优势。

那么，如何发现你的优势？

德鲁克认为，若能认识到发现自身优势的重要性，那么下一步就该是如何发现自身优势。结合自己的生活和学习经历，他认为，发现自己优势的最有效的方法是反馈分析法。任何人在面对关系到自身命运的关键决策或行动时，都首先要把自己预期会发生的结果记录下来。9～12个月后，按照预期对结果进行反馈分析。

运用同样的方法，不断地给自己设定目标，并用实际达到的效果进行比对，此时，我们会发现，这个简单的方法非常有用。首先，它告诉我们自己的优势在哪些方面，这是进行自我了解的重要途径。其次，这种方法将会向我们显示应该做什么或应该放弃什么。

德鲁克所讲的反馈分析法尽管简单却非常实用，任何人都可以用这种方法去发现自身的优势。这种方法的优点就在于它用简单的方式告诉你该怎么去做，在行动中发现自己的优势，同时在行动中发现自己的劣势，以及发现你根本无能为力的方面。

任何方法都在于能不能有效地解决问题，当然，德鲁克所讲的这个方法也有其隐含的前提。首先，运用这个方法，必须在进行关键的决策或行动时。日常生活中那些琐碎的事情并不适用于这个方法。因为运用这个方法的目的是发现你的优势,而解决零碎的事件需要的不是你的优势,只要有一些基本的生活经验就可以办到。其次,运用这个方法,你必须首先有一个预期,并根据实际情况设定目标。你所设定的目标应该相对超出你现有的能力。你设定的目标不能过于简单、缺乏挑战性,因为过于简单,你就会轻松地解决问题,从而掩盖你所具有的特殊的优势。你所设定的目标也不能过难,因为如果你认为自己根本无法达到这个目标,就会失去信心,中途放弃,那么计划也将随之失败。而要想把握设定目标的度,就必须从自身情况出发,综合考虑自己的能力。最后,为了使这种方法具有可操作性,你所设定目标的时间不能过长。德鲁克所提供的是他的个人经验,因为他从事的工作是写作、咨询、教学,其效果实现的周期相对较长。所以,当你设定目标时间时,应该从自身从事工作的性质及环境出发,或者三个月或者半年,能达到相应的效果即可。

德鲁克在提出反馈分析法后,接着指出反馈分析法的方法论,即反馈分析法如何指导我们的行为与决策。他由此得出了五个基本结论。

1. 集中精力发挥自己的优势

你具备什么样的优势,就应该把自己的事业定位在相应的行业。作为个体,我们必须明确:你的归属是由你的优势决定的。

2. 积极完善自己的优势

反馈分析法能告诉你你的优势是什么,但是这并不意味着你的优势可以决定一切。为了充分凸显你的优势,你必须补充必要的知识和技能,不断巩固优势。我们需要明确,反馈分析法只说明你具有某一方面的天赋。为了使这一天赋得到提升，你必须"锦上添花"。

3. 在哪些方面你缺少必备的知识

通过反馈分析法，你能快速地发现，在哪些领域你还缺少基本的知识和技能。你具备了某方面的优势，并不意味着你的事业就必然成功。你还需要一些通用的知识，不具备这些知识，会影响到你优势的发挥，会使你的绩效低下。大多数人，尤其是掌握某一领域高深知识的人，会轻视其他领域的知识，还有人则认为聪明的人远比掌握知识的一般人有优势，这两种观点都会影响我们发挥优势、提高绩效。

另外，我们也必须改正一些生活中的坏习惯，并且修正工作方法。因为，很多非智力因素比如沟通方式、个人性格、生活习惯等都会影响到工作效率，都会制约个人优势的发挥。有效地规避这些缺点，是提高绩效的重要方式。

4. 我们应该放弃什么

通过反馈分析我们立刻就能发现在哪些领域缺乏最起码的能力。对大多数人来说，总是会存在于许多这样的领域。对个体而言，掌握一流技能和知识的领域并不很多。而在很多领域，我们缺乏才干，即使达到一般水平的概率也非常小。显然，对于这样的领域，最明智的选择就是放弃。

5. 把精力集中在自己能力强或技能高的领域

这个道理很明显，但我们却常常乐此不疲地在自己缺少能力或根本不具备能力的领域辛苦耕耘。所以德鲁克才说："从低能力提高到一般能力所耗费的精力和努力，远远多于把一流的绩效提高到卓越的绩效的精力和努力。"

综上所述，反馈分析给我们的方法论意义可以总结为：集中自己的优势,并努力完善自己的优势;掌握足够的知识,提升自己的优势;放弃应该放弃的,坚持应该坚持的,并且牢牢记住:发现自己的优势,就是要不断地"锦上添花",而不是无谓地"雪中送炭"。

通过上面的分析,你或许已经相对全面地理解了德鲁克关于发挥自我优势的思想。德鲁克认识自我管理问题,运用最浅显的方式,分析并得出了最实用的方法。我们发现了自我优势,就需要进一步地整合自我优势,推演自我优势,拓展自我优势,并达到应用自我优势的目的。

首先,整合自我优势。你所擅长的领域,必然还有与之接近的领域,比如,营销领域就密切结合着广告、策划、销售等其他领域。将某一方面的才能迅速地转化,并密切结合其他领域,将迅速提高你的绩效。作为职业经理人,甚至最普通的人,都必须有这样的意识。你需要补充相应领域的知识和经验,并且永远面向市场,不断地发挥你的天赋所爆发出的灵感和创造力。

其次,推演和拓展自我优势。你要善于运用类比思维,如果你具备某方面的优势,那就意味着你的优势在其他方面也可以表现出来。这一点对于企业家和管理者尤为重要。因为企业家在某方面的才能会通过他的思维方式迅速地体现在他的企业运营方式上,甚至会折射到企业的战略方针上。我们也可以这样说,如果一个企业家发现了自身优势,他可以以同样的思维方式去经营企业,并且迅速发现企业的优势所在。

在这方面,杰克·韦尔奇的"数一数二"理念充分地印证了这一推论。有趣的是,韦尔奇的"数一数二"理念正是在德鲁克的启发下形成的。

## 第14章 企业家的自我管理

20世纪80年代中后期，由于美国政府的高利率以及财政赤字政策，全球经济增长速度放慢。但是，随着技术加速进步、市场急剧变化，竞争更加严峻。在那种环境下，胜败立现。对企业来说，没有足够的实力，就没有机会生存下去。

通用电气公司当时面临着严峻的竞争压力。一方面，日本企业的产品大量进入美国，通用公司的市场份额大为减少，利润下降；另一方面，通用公司是推行多元化战略的企业，很多领域，通用公司已经不具备优势。韦尔奇接任通用公司CEO的时候，通过雷吉·琼斯的介绍，和德鲁克见了面。德鲁克问道："如果你当初不在这家企业，那么今天你是否还愿意加入？"言外之意，通用公司虽然还是美国排名前十的大公司，但它已经面临着来自全球特别是日本的竞争压力，利润已经开始萎缩，一些业务处于疲弱不堪的状态。德鲁克接着问道："那么你打算对这家企业采取什么措施？"问题十分简单，也非常深刻，发人深省。

在德鲁克一系列严峻问题的启发下，韦尔奇认识到，必须发现并把握通用公司的优势，并且不断地完善通用的优势。于是，他的"数一数二"理念得以清晰化、明朗化，也就是说通用公司如果要成为世界上最强大的企业，就要使所从事的业务在各自的市场上成为第一或第二。对不是这样的业务，或者关闭，或者出售。很显然，通过德鲁克的启发，韦尔奇马上意识到，对面临严重危机的通用公司而言，必须充分发挥自身优势，在自己有优势的业务中做第一或第二，不把精力和努力放在那没有优势的业务上。不难看出，韦尔奇将发现自我优势的那种思维方式迁移到了"数一数二"理念上，并且迅速整合了通用公司，使通用公司很快摆脱了困境，走向了成功。

由此可见，任何一种思维方式，只要善于运用，其边际效应都将迅速增大。发现你的优势固然重要，推演并拓展你的优势则更有意义。作为企业家或经理人，从上面的例子中，能否汲取到相应的经验呢？

国内当下很多企业之所以做不大、做不长、做不强的原因也正在于此。它们的发展方法是：衣帽厂建了一半，发现纺织更赚钱，于是转而投资建纺织厂；纺织厂刚筹备了一半，发现种棉花更来钱，于是又买地办农场；农场还没办，又发现办技校更有前途……最后，一事无成。国内企业家的投机心理太重，他们不是在发现并拓展自己的优势，而是在投机游戏中不断地腾挪转移。这将注定他们无法把握自身优势，成为卓越的企业家和经理人。

## 提高你的工作绩效

反馈分析法告诉了我们如何发现自身的优势和劣势，以及如何强化自己的优势。当发现在工作过程中存在很多误区时，我们必须修正或者放弃固有的习惯和思维方式，因为这些习惯和思维方式不利于发挥我们的优势，并影响工作的绩效。因此我们必须深入发现抑制绩效有效发挥的因素，进而提高工作绩效。

德鲁克认为，获取信息的方式、学习的方式以及沟通方式都会影响工作效率。

那么，你如何获取信息？

德鲁克认为，就像发现自身的优势一样，如何做事也是很个性化的问题。因为人的个性无论是先天还是后天形成的，都不可能轻易改变，而且在工作之前，这种状态已经形成。然而每个人做事的方式是既定的,那么我们就必须了解自己做事的方式。如同我们要通过做自己擅长的事来取得成效一样,我们也要按照自己做事的方式来取得绩效。

在我们的生活中,充斥着各种表现个性的观念,或者要求我们改变自己的习惯,或者要求我们与众不同、追求个性。其实,这些看法都只是表面现象。一个人的个性或者是与生俱来的,或者是生活经历铸就的,并不会轻易改变。所以,管理者不要指望通过改造人的个性来提高绩效。

在知识经济时代,明确自己如何获取信息对于提高效率极为重要。关于个人获取信息方式,德鲁克认为有两种,一种是善于阅读,一种是善于倾听。但是,令人惊异的是,很少有人知道善于阅读和善于倾听的区别,而且很少有人既善于读又善于听,甚至只有更少的人知道自己属于哪种类型。

在德鲁克看来,一个人善于阅读还是善于倾听,体现在他的做事方式上。因为任何人需要通过阅读或倾听来获取信息,从而进行决策。从这个意义上讲,阅读或倾听体现了人的不同禀性。善于阅读的人,借助阅读能有效地整理思维,并有效率地做出正确的决断;善于倾听的人,能够借助和别人的交流来发现问题,并快速反应,形成决策。为了证明一观点,德鲁克以艾森豪威尔和约翰逊为例,说明了解自己是哪种类型人的重要性。

艾森豪威尔是个善于写作和阅读的人,他曾为麦克阿瑟做秘书工作。在他担任将军的时候,每逢遇到记者招待会,助手都事先将记者的提问以书面方式提供给他,所以他的回答总是贴切而生动、游刃有余。而当他成为总统时,他需要直接面对记者的提问,因此他的回答就变得模棱两可、不知所云，情况变得非常糟糕。约翰逊也是美国总统，他和艾森豪威尔恰好相反，善于倾听而不善于阅读。他的助手给他起草的稿件根本没有起到作用。

德鲁克用他超乎寻常的洞察力，敏锐地发现了人和人在做事细节上的差别。对处于知识经济时代的每一个人而言，了解自己属于何种类型至关重要，因为你不懂自己的做事方式就如同你不了解自己的优势一样可怕。其实，我们也可以这样认为：你的做事方式其实与你的优势一样重要。你的优势是你的天赋，而善于倾听还是善于阅读则体现了你获取信息的方式及能力，这决定了你能不能发挥优势。在知识经济时代，了解自己如何学习显得尤为重要。因为无论是提升我们自己的能力，还是改变自己的处境，都需要不断地充电、不断地完善自我。然而很多人并不了解自己学习的方式，甚至我们一直在用错误的学习方法来获取知识。德鲁克认为，正是因为人们不懂得学习的方式，所以很多学校都用一种方法教育所有的学生。

然而事实是，许多一流的作家在学校时学习成绩平平，并且在他们的记忆中学校学习是一种纯粹的折磨。而与之相反的是，他们的同班同学很少有人对同样的学校和老师有这样的记忆。这就说明一流的作家通常不是通过读和听来学习，而是靠写来学习的，由于这不是学校允许的学习方法，所以他们的学习成绩很差。

同样的事情还发生在贝多芬身上。

贝多芬一生留下了大量草稿。但是，据他自己说，他真正作曲时从不看草稿。原来，他只有把自己的灵感记录下来，他才能永远记住。对贝多芬来说，写的过程就是学习，而看草稿对他根本没有价值。

这些天才式的作家和艺术家，他们都具有超乎常人的天赋，他们学习的方式也非常特别。这或许可以解释他们之所以能取得那么多伟大成就的原因。通常的教育理念是"见贤思齐",让我们完全向这些传奇人物学习。然而问题的关键却在于,任何人的学习方式可能都不尽相同,我们如何向天才们学习?天才们的成功,恰恰是个性化学习的成功,因而如果要学习的话,还应该学习如何找到自己的学习方式。由此来看,学习方式的优劣不在于你用了哪一种形式,而在于是否适合你自己。

德鲁克认为,人们的学习方式是多种多样的,有的人通过记笔记来学习,有的人通过回忆来学习,有的人通过向别人讲来学习,有的人通过写来学习,有的人通过做事学习。所以,重要的是,你要找到适合自己的学习方式。这个问题通常比较简单,怎样学习使你记忆深刻、理解深入,那么这种方法就最适合你。

同时,德鲁克特别强调,学习本身并不能带来绩效,只有将学习的知识运用到实践中,学习才能完成。其实,我们常把"学以致用"挂在嘴上却并未落实到行动中。任何人如果试图实现良好的自我管理,都不能忽视学习方式的选择,更不能放弃对学习目的的追问,实践、行动是学习的一贯目的。

总之,在德鲁克看来,做事的方式会影响你的绩效,你如何获取信息与你如何学习同等重要。当然,还有很多因素也会影响绩效,比如,有的人在压力下可以取得绩效,有的人作为下属时工作成效最好,有的人只有在组织中才能发挥自己的能力……不一而足。

## 给自己进行职业定位

当我们发现了自己的优势、了解了自己的做事方式后,我们还必须明确自己的价值观,因为价值观是一切行为的最终检验标准。

1. 了解你的价值观

哲学家们认为,人类自我发展的过程,既是个人的独立化过程,也是个人的社会化过程。人具有追求意义和价值的自我意识,无论是认识自己,还是认识世界,都需要不断地自我体验、自我分析、自我塑造、自我评价和自我超越。人认识自我和认识世界都需要依据一定的标准,这种评价尺度就是价值观。

价值观是个人对客观事物的重要性及意义的总评价和总看法。作为一种内心尺度,价值观决定人们的行为取向和价值取向。价值观与家庭环境、学校教育及个人阅历密切相关,一旦形成,就具有稳定性和持续性的特点,一般不容易改变。

价值观不仅影响个人的行为,而且影响群体行为和组织行为。企业之所以要建立自身目标和文化,就是为了使个人价值观与企业价值观相契合。由于个人价值观不同,在同等条件下,对于同一事物,人们会产生不同的价值选择和行为方式。比如在企业中,有人注重工作成就,有人看重金钱报酬,有人重视权力地位,有人热衷技术发明,有人迷恋人际沟通……显然,为了自我管理,个人必须了解自己的价值观。德鲁克认为,作为个人,必须规范自己的价值观,重视道德标准。道德标准是社会对个人的要求,是大家共同遵守的规则。他认为,检验道德标准的方法就是对镜自测法。我们要追问自己:"我想成为一个什么样的人?"这类似于中国传统文化中"每日三省"的文化态度,同时也是用扪心自问的方式来叩问自己的道德和良心。当然,道德标准仅仅是价值观中的一部分。

了解自己价值观的意义在于你知道自己以什么样的方式评价人

和事，因为这会影响到你的工作热情。

有一位才华横溢的主管经理，他在一个电脑公司工作。在他原来的公司被一家更大的公司收购后，他发现自己的工作热情迅速降低。实际上，他的职位很高，而且是他擅长的人力资源工作。他坚信，在聘用担任重要职位的人选时，企业应先从内部竞选人才，然后再从外部选择适当的人选。然而，公司却认为，在某个重要职位出现空缺时，应首先考虑外部人才，以便"补充新鲜血液"。他和公司的矛盾使他的工作热情受到了很大的损害，工作简直变成了一种煎熬。最后，他不得不递交了辞呈。

显然，这位主管经理和公司之间的矛盾并不是政策上的，而是价值观的矛盾。当你的价值观和企业的价值观发生冲突时，你该如何自处？比这个问题更严重的是，很多人并没有意识到价值观的作用，并不了解自己的价值观，他们往往把一些属于价值观冲突的问题当成是工作方式的差别。所以，你要首先了解自己的价值观，在明确自我价值观后再做出选择。

2. 不值得做的就放弃

德鲁克认为，企业必须有自己的价值观，而企业的成员也是如此。为了能够在企业中发挥绩效，企业成员的价值观必须与企业的价值观相契合，但不必相同。二者的价值观必须紧密相关、和谐共存。否则，企业的成员就会有挫折感，而且会缺乏成效。

通常情况是，一个人的优势与自己取得绩效的方式之间很少会发生冲突，二者一般为互补关系。但是，一个人的价值观与自己的优势会发生冲突。一个人即使工作很有成效，但是如果工作不能符合他的价值观，那他也很难从工作中获得成就感。

所以，当你的优势不能与你的价值观相吻合时，要毫不犹豫地放弃你的工作，维护你的价值观。在德鲁克看来，那些损害你的价值观的工作是一文不值的。因为，尽管你通过自己的优势获得了相当优秀的工作绩效，但是这种工作使你失去了热情和信心，损害了你的价值观，进而剥离、分裂了你的优势，所以放弃才是你最明智的选择。

管理学中有个定律叫不值得定律。这一定律最直观的表达为：不值得做的事情，就不值得做好。

这个定律反映出人们的一种价值取向，一个人如果从事的是一份自认为不值得的工作，往往会敷衍了事。这一定律的启示就在于：对个人来说，应在多种可供选择的价值观中挑选一种，选择你所爱的，爱你所选择的，才可能激发你的工作热情。而对一个企业来说，则要很好地分析员工的性格特征，合理分配工作。如让成就欲较强的职工独立牵头完成具有一定风险和难度的工作，并在其完成时给予及时的肯定和赞扬；让依附欲较强的职工更多地参加到某个团体中共同工作；让权力欲较强的职工担任与之能力相适应的主管一职等。同时要加强员工对企业价值观的认同感，让员工感觉到自己所做的工作是值得的。

3. 寻找你的职业归宿

当我们明确了以上三个问题（我的优势是什么？我如何做事才能提高绩效？我的价值观是什么？）后，我们应该确立自己的位置，我们的职业归宿在哪里？我们属于哪里？我们又不属于哪里？也就是说，通过上述三个问题的追问和不断反思与行动，我们必须明确我们应该到哪里去，我们必须给自己定位。

对绝大多数人而言，在开始自己的职业生活时，并不能马上确定自己的位置，但是我们可以通过不断的实践来明确自己的方向。我们必须做符合自己价值观、能发挥自身优势并能提高工作绩效的工作，如果不符合我们自身的条件，我们就应该勇敢地拒绝。但现实中，我们经常发现，很多人在从事自己并不感兴趣的工作，原因只是这份工作可以带来比较高的薪水。对一个严格执行自我管理的人而言，这是非常不明智的。因为，短期的眼前利益会抹杀其核心竞争力，影响其成为一个优秀的人、一个卓越的人。

# 第15章 企业的战略规划管理

> 一个没有给自己制订战略规划的企业是不会长久存在的,它也许能盛极一时,但终究难逃失败的厄运。

## 未雨绸缪,为明天做准备

如果我们一味地预测未来,那只能使我们对目前正在做的事情产生怀疑。战略规划之所以重要,是因为我们对未来不能准确地预测。

为什么说战略不是预测?德鲁克给出两个理由。其一,未来是不可预测的。每个人都可以看一看当前的报纸,就会发现报纸上所报道的任何一个事件都不是10年前所能预测到的。战略规划之所以需要,是因为未来不能被预测。其二,预测是试图找出事物发展的最可能途径,或至少是一个概率范围。但企业的发展往往是独特事件,它将不在预设的路径或概率范围之内。预测往往并没有什么作用。

德鲁克认为,战略决策者所面临的问题不是他的组织明天应该做什么,而是:"我们今天必须为明天来做哪些准备?"问题不是未来将会发生什么,而是:"我们如何运用所了解的信息在目前做出一个合理的决策?"战略规划并不涉及未来的决策,所涉及的是目前决策的未来性。决策只存在于目前。

万科集团是国内房地产界的翘楚，其发展过程中的迅速转型为我们提供了明确决策目的的绝佳案例。

1984年，王石在深圳创建了万科公司。面对政策松绑的巨大市场空间，万科抓住机会，多元化发展，迅速取得了成功。公司创办后的前7年，万科的业务涉及进出口、零售、投资、房地产、影视文化、广告、饮料、印刷、电气工程等13类，可谓什么行业赚钱就做什么产品。这时候的万科坚持"做加法"。

1992年，中国开放房地产业。万科公司认为这是公司发展的大好机遇。于是，王石亲自带人到某房地产热点城市考察。当时该市的房地产市场正在热炒地皮。由于万科公司在房地产业已运作了几年，在全国也有一定的名气，市领导便很重视。该市市长说："市区的地已被圈得差不多了，你们要的话，还可以给一点，但都不大。这样吧，市区外围有一片40平方公里的土地，地价可以象征性地付一点，就算送给你们。"王石大喜过望，回到深圳后，到处扬言说万科要干大事业了。好在王石没有马上投资，否则今天的万科也许是另一番景象了。王石请了两位专家——一位是香港的投资分析专家，一位是新加坡的城市规划师，到该市给市领导讲课，意思是看怎么建设这40平方公里的土地。专家讲：1平方公里的土地，7000元/平方米需要3个亿，40平方公里共需要120个亿。按照投入产出的平方米投入1个亿，产出1.3个亿，才能成为有效投资，使其投入不会闲置。按1:1.3的比例，120亿就要有156亿的国民生产总值。当时，该市一年的国民生产总值才15个亿。也就是说，万科要以当时年营业额不过三四个亿的力量，在这里造出10座城市来。领导们越听越出神，而王石却越听越坐不住了。课一讲完，他便逃跑似的回到了深圳，从此再也不提40平方公里的事了。

通过这件事,王石便开始反省:身为决策人,对这么一件天方夜谭的事情,居然没有看出它的荒谬性,而当时类似于这样以平方公里为单位的开发计划,又何止这一起?

王石意识到,必须明确万科公司的发展方向,并以此明确决策目的。没有论证的盲目投资,会给万科公司带来灭顶之灾。

于是,在1993年以后,万科公司开始全面收缩业务,并且其力度之大为企业改造所罕见,在当时的决策者看来也不可思议。首先,在涉足的多个领域中,万科公司提出以房地产为主业,从而改变过去摊子铺得过大而主业不突出的现象。其次,在房地产经营的品种上,万科提出以中档城市民居为主,从而改变过去的公寓、别墅、商场、写字楼什么都干的做法。再次,在房地产投资地域上,万科提出回师深圳,由全国13座城市转为重点经营北京、天津、上海、深圳4座城市。最后,在股权上,万科公司开始对持有的全国30多家公司的股票进行转让。

王石通过反思企业的发展方向而敏锐地认识到明确决策目的的重要性,并以此为根据,使万科公司改变了多元发展、尾大不掉的局面,从而摆脱了中国民营企业发展初期普遍存在的"短视导致短命"的悲剧宿命。

决策为未来的发展做好准备,这就需要决策管理者具有超前意识。超前意识是一种以将来可能出现的状况对现实进行弹性调整的意识。它可以对前景进行预测性思考,可以使我们调整现实事物的发展方向,从而帮助我们制订正确的计划和目标并实施正确的决策。

未来总会到来,又总会与今天不同。如果不着眼于未来,企业就会遇到麻烦。哪怕是最大的和最富有的公司，也难以承受这种危险，即使是最小的企业也应警惕这种危险。

卓有成效的决策者都能弄明白所要解决问题的性质，对更多的决策者而言，决策是为了什么，则更具有启发价值。很多人认为决策就是为了赚钱，这似乎并没有问题，然而这种意识最容易产生投机行为，即什么赚钱干什么。在一个市场发育完整、经济活动相对理性的环境中，这种行为会被彻底地挫败。中国当代的管理者和经理人必须明白，我们已经告别了短缺经济时代，任何一个市场都存在很大的风险，谨慎决策至关重要。

由于市场同质化、产品趋同化越来越明显，决策者面对未来，会充满各种各样的迷惑，决策者必须对市场的不确定性做出回应。这就要求决策者明确决策的目的，明确了目的就明确了决策需要实现什么、需要满足什么。

1984年，本田技术研究所曾面临倒闭的危机，本田投下巨资增加设备，原本受欢迎的产品销路却大减。种种困难，使本田公司难以负荷。在这种情况下，本田却宣布要参加国际摩托车赛，要制造第一流的摩托车，争取拿世界冠军。

这个决策在当时业内人士看来，简直是一个天大的玩笑。但是本田的负责人有着清晰的目标，他期望这种决策能够为未来称霸全球摩托市场赢得先机。

这个决策出台后，激发了本田员工的奋进之心。本田负责人以身作则，为了研究开发技术，改良摩托车性能，不分昼夜，取消假日，每天都到公司努力工作。他的敬业精神感动了员工，员工们个个精神抖擞，忘我工作，终于如期制造出第一流的摩托车参赛，取得了骄人的战绩，本田公司也因此一举成名。

作为管理者，如果是不懂技术、不了解创新产品性质和特点的非专业人士，往往以短期投机为目的，他们总是想赚一把就走，结果导致决策的随意和混乱。他们所造成的一幕幕巨人崛起和陨落的悲喜剧，值得决策者警惕和反思。如果公司要成为一个有竞争力的长寿公司，就不能仅仅依靠决策者的个人判断，而需要建立一种决策优化的机制。因为一个不懂得有效决策的决策者，就不是一个卓有成效的管理者。

## 战略规划要有忧患意识

如果不着眼于未来，最强有力的公司也会遇到麻烦。

德鲁克认为，明天终归要来，并且一定与今天不同。到那个时候，即使是最强大的公司，如果没有为迎接未来做好充分的准备，也一定会遭遇发展困境，甚至会丧失自己的个性和领导地位——遗留下来的不过是维持大公司运转的高昂开支。对于正在发生的一切，企业无法控制也无法理解。

因此，管理者的忧患意识，在当今市场条件下尤为可贵。

百事可乐公司作为世界饮料行业的龙头企业，可谓春风得意，每年有几百亿美元的营业额，几十亿美元的纯利润。但是，展望公司的未来发展前景，公司的管理者们看到汽水业会趋于不景气，竞争也会更加激烈。为避免被市场打败的命运，他们认为应该让自己的员工们懂得公司在时刻面临着危机。但百事可乐公司一路凯歌高奏，让员工相信危机这回事谈何容易？

公司总裁韦瑟鲁普决定要制造一种危机感。他找到了公司的销售部经理，重新设定了一项工作方法，将以前的工作任务大大提高，要求员工的销售额比上年增长15%。他向员工们强调，这是经过客观的市场调查后做出的调整，因为市场调查表明，不能达到这个增长率，公司的经营就会失败。这种人为制造出来的危机感马上化为百事可乐公司员工的奋斗动力，使公司永远都处于一种紧张有序的竞争状态中。正是这些，保证了百事可乐公司能欣欣向荣地走向未来。

随着全球经济竞争的发展，世界著名的大企业面对的挑战越来越激烈。要是沉醉于自己的优势地位，就有可能遭到淘汰。为改变这种状况，各国企业都较为重视推行"危机式"生产管理。百事可乐公司只是其中的一例。

在国内，很多企业也渐渐认识到了危机管理的重要性，开始在实践中推行这种管理方式。江苏无锡小天鹅集团就是一个很成功的注重危机管理的例子。

被同行业称为"大哥大"的小天鹅全自动洗衣机，全国市场占有率已达42.2%，销量在全国连续多年保持第一，并成为国内洗衣机行业首家跨进亿元利润的企业。然而，这个行业的"排头兵"却在大好形势下，充满了危机感，采取令人警醒的"末日管理法"来鞭策自身不断进取，向世界高水准冲击。

集团董事长朱德坤对员工有一个很有意思的要求：要唱好两首歌。一首是《中华人民共和国国歌》，一首是《国际歌》。朱德坤认为，一个没有忧患意识与危机感的企业，是没有希望的企业，所以要求员工们天天唱这两首歌，唱出信心，唱出志气，唱出发展小天鹅的新举措！

小天鹅公司的领导班子非常精干，在他们的领导下，企业效益年年提高。然而,他们每个人的心中,始终充满了危机意识。他们认为,众多企业在市场大潮中都领过风骚,有的青春常在,但有的却昙花一现,其原因在于经营者不仅要有高度的责任感,更要有强烈的危机感。因为,一种产品的销量愈是接近鼎盛期,也就愈接近衰退期。所以,不管企业取得多大成绩,一定要保持清醒头脑,要时时刻刻与国内、国外同行中的先进企业比。只要世界上有一个企业排在你的前面,你就是落后的,就必须毫不松懈地追赶对方。这种危机感督促该公司全体成员,在班子建设、人才培养、新产品开发等方面做了许多超前性工作。

小天鹅把"末日管理"融入决策、生产、销售、服务等各个环节之中,特别是把高标准的质量管理作为企业"末日管理"的核心环节来抓。一次,有一批"小天鹅"洗衣机已装上火车准备发往广州,在抽检时,发现有一台洗衣机的排水管有轻微的漏水现象。有的人认为,排水管轻微漏水不算质量问题,换一根排水管就是了。还有的说,干脆把这台撤下来,重新换一台好的就行了。事情反映到朱德坤那里,他立即赶到现场,要求对600台洗衣机全部开箱检查一遍。尽管最后的检查结果是只有两台存在类似问题,但全厂员工的质量意识却提高了。

市场给予小天鹅的回报是等价的。小天鹅全自动洗衣机不但连年保持全国销量第一,而且企业与5年前相比,产量和销量双双增加了10倍,效益增加了130倍。

企业经营者和所有员工面对着市场和竞争,都要充满危机感,不要陶醉在一度的"卓越"里。今天的成功并不意味着明天的成功,企业最辉煌的时候往往是没落的开始。

美国管理大师约翰·科特说："没有危机意识和忧患意识的商人，不是一个卓越的商人。"商人最危险的意识就是认为在完全胜任的领域可以放松一下。

比如，公司在同行业或本地区占有40%的市场份额，而最强的竞争对手只占10%。这时人的本性会使你因竞争差距大而感到自满，并且轻视任何一个敢于向你的领先地位发起挑战的"暴发户"。但往往正是这些不值一提的竞争者就可以把你毁掉。

赫伯特·曼利的故事很能说明这个道理。

赫伯特·曼利是美国业余高尔夫球顶尖高手之一。他曾经参加过一场美国业余锦标赛，对手是一个15岁的男孩，男孩被父母和邻居们簇拥着。比赛中，当曼利领先男孩四杆时，男孩竟在众目睽睽之下放声大哭。曼利因为他让男孩在父母面前丢脸而非常内疚。因此接下来的比赛他打得很糟，最终输给了男孩。曼利向他的教练、一个著名的职业高尔夫球手描述了这件事。职业高尔夫球手说："你不应为男孩的哭声所动，在赛场上，你只能想到让对手没有任何喘息的机会，并且打翻他，碾碎他。"

所以，企业在竞争中处于领先地位时不应放松。对一个不能居安思危的商人来说，真正的危机来得比他想象的快。任何公司都有一种危险的倾向：业务顺利时便扬扬自得，成功好像是想当然的。还有一种更危险的倾向：有些人固执地反对任何形式的改变，他们坚信"水来土掩"的信条。顺境时他们很难想象逆境是什么样子，会以为现在的成功不会结束，或他们可以不断地重复成功。其实，他们没有认识到，领先地位总有要改变的时候。

这种"成功会带来成功"的错误推理忽略了一个关键因素：竞

争对手。他们会打断你的好梦,并且办法很多。比如,其一,提高产品质量,削减你的市场份额;其二,降低产品价格,减少你的利润额;其三,发明新的产品,把你挤出市场,等等。因此,当你正设计不受外界干扰的稳定增长曲线时,肯定有人在想方设法抹去它或替代它。

在竞技场上,今天胜利而明天就可能落败。所以,企业管理者应不断地提醒自己"变化比计划快",督促自己远离"成功导致成功"的错误想法。

## 优秀管理者的"心声"

多年的实践证明,管理必须"用心"。只有做一个用心的管理者,才能成为优秀的管理者。

下面,聆听一个优秀管理者的"心声"。

**目标——要有"野心"。**

人人都有自己的目标,但不是人人都会有"野心"的。许多人经历了一两年的职场生涯,看到的阴暗面多一些,一些人还没完全入门,理想目标就变成梦想后消失了。有野心目标,就不一样。一是自信。他没比我强多少,能当总经理,我也行!二是自强。想当总经理,就必须在所在单位里出类拔萃!从现在做起!

历史上成大事的人,往往多是有"野心"的人。建立你的"野心"目标吧,你也会从普通走向优秀,从优秀走向卓越!

**行动——要有恒心。**

目标越高,付出越要多,越需要有恒心。不能眼高手低,成为"思想上的巨人,行动上的矮子",套用一位前辈的话说,"一个人一阵子做好一件事并不难,难的是一辈子做好一件事"。记住,你不比别人智商高多少,要想成为优秀的管理者,就必须比别人晚睡早起,多吃苦,多流汗!从现在做起,想在别人前面,做得比别人更好!

有了恒心,事业可能会成功,野心可能会实现;少了恒心,只有半途而废,一事无成!

**待人——要有诚心。**

做事,首先要做人。做人要讲诚信,待人要有诚心。虚情假意、忽悠对付是交不上真正朋友的,是达不到长期合作的目的的。

所以,做一个成功的管理者,待人处世必须诚心诚意,以诚相待,这是做人的基础、成就事业的希望。

**困难——要有信心。**

前进的路上不会一帆风顺,一定会遇到各种各样的困难。优秀的管理者,无论是在遇到天灾人祸时,还是在大风大浪中,都会坚定"最终的胜利属于我们"的必胜的信心,决不向困难妥协、低头。"困难像弹簧,你强它就弱,你弱它就强""战胜困难,往往是在坚持一下的努力之中",是成功者心态的真实写照。

**工作——要有细心。**

我们的工作,往往是千头万绪、杂乱无章、千变万化的,所以,做工作一定要有细心。细节决定成败,讲的就是这个道理。

**员工——要有爱心。**

对待自己的下属,对待自己的员工,不但要以诚相待,而且要献出一片爱心。员工是凭自己的技能、体力求生存和发展的,非常不容易。处在管理者位置的你,在工作中要坚持换位思考,执行政策要坚持"法、理、情"并重。"你敬员工一尺，员工会敬你一丈"，爱心洒向员工，是会得到应有的回报的！

**麻烦——要有耐心。**

工作中，不但会遇到困难，而且会遇到各种各样的麻烦。遇到困难要有信心；遇到麻烦，就要有耐心了。要敢于面对麻烦，该是你的麻烦，你也躲不了；"不出事时怕出事，出了事后不怕事"，善于应对麻烦，耐心解决麻烦，是一个优秀管理者的基本功。

**好事——要有疑心。**

当你遇到没经过努力就得到的好事时，没做什么就得到某些赞扬时，遇到一些人的吹捧时，你可要注意了，天上是不会掉下馅饼的，一定要有疑心，多问几个为什么。害人之心不可有，防人之心不可无，"糖衣炮弹"能害死人啊！

**批评——要有宽心。**

对待批评，不但要虚心接受，本着有则改之、无则加勉的态度，而且要宽心相待，特别是对待一些不完全符合实际的批评，和自己意见相左，但言过其实的言论，只要不是恶意攻击，就应宰相肚里能撑船，坦然处之。不记仇，度量大且能容人，是优秀管理者的一个标志。

**自己——要有实心。**

能否成为一个优秀的管理者，关键不在别人，而是在自己。一是要有自信，没有自信，优柔寡断，该断不断，怎能得到别人的信任？二是要有实心。成为优秀的管理者不是比别人强，而应是比自己的昨天更强。实心实意、每时每刻地超越自我，才会实现自己的"野心"目标，才会不断取得进步！

然而，达到上述"十心合一"标准，一定是"神"而不是人了，但在我们努力争取达到这一目标的过程中，体会不断超越自我的快乐，就离自己的人生目标越来越近了！

# 第16章　企业通过社会获取资源

> 任何一个企业，资源再多也还是有限的，企业不仅应拥有资源，而且要具备充分利用外部资源的能力，使社会资源能更多更好地为本企业的发展服务。所以，在营销策划过程中必须时刻提醒自己要开阔视野，充分利用广泛的社会资源。

## 技术和最终用户是给定的

关于技术和最终用户的假设，可以一直追溯到工业革命的早期。这些假设在很大程度上为现代企业和现代经济的崛起奠定了基础。

当纺织业第一次从家庭手工业中脱离出来的时候，社会上普遍认为纺织业已经拥有属于自己的、独一无二的技术，而且这种观点绝对是正确的。同样的观点也适用于采煤业和18世纪末期、19世纪上半叶出现的任何其他工业。德国人韦尔纳·冯·西门子（Werner Von Siemens，1816—1892）也认识到这一点，并成为在此基础上发展宏伟事业的第一人，在第一批创办具有现代企业雏形的工业组织的先驱者中我们也能看到他的身影。在上述观点的指引下，西门子于1869年率先聘用在大学深造过的科学家创办了一个现代研究实验室，专门从事科学研究工作，即产生了我们今天的电子学。他当时清楚地认识到电子学（当时被称为"低压"）与其他工业截然不同，拥有独特和独立的技术。

在这样一个高瞻远瞩思想的基础上不仅诞生了西门子自己的公司和自己的研究实验室，而且催生出了德国的化学工业。由于德国的化学工业建立在这样的假设基础上，即化学，特别是有机化学，拥有其独特的技术，因此在当时，德国的化学工业在全世界独占鳌头。随后，世界上的所有其他大公司也在这样一个高瞻远瞩思想的基础上纷纷涌现出来，包括美国的电气和化学公司、汽车制造公司和电话公司等。在此之后，19世纪最成功的发明——研究实验室也因此而产生，最近的一个是距西门子创办实验室后差不多一个世纪，即在1950年IBM成立的实验室。与此同时，在第二次世界大战后发展成为跨国企业的各大医药公司也纷纷效仿创办各类研究实验室。

但是，时至今日，这些假设已经再也站不住脚了。医药行业最能说明这一问题，因为它们需要采用的技术与在医药研究实验室研发的技术相差得越来越远，比如说遗传学、微生物学、分子生物学和医疗电子学等。

在19世纪及20世纪上半叶，人们想当然地认为本行业以外的技术对本行业毫无影响，如果非说有的话，那这种影响也是微乎其微的。现在，人们开始提出这样的假设：对本公司和本行业影响最大的技术恰恰是本领域外的技术。

当然，这与人们最初提出的假设相反，最初假设本公司或本公司所在行业所需要的技术，都可以由自己的研究实验室研制出来。反过来讲，研究实验室研制出来的，都可以应用到所在的行业。举例来说，这个假设显然是贝尔实验室（Bell Labs）产生的基础，在最近100年以来所有主要的研究实验室中，它算得上最成功的一个。自20世纪20年代成立起到60年代末，贝尔实验室创造和研制出的每一项新知识与新技术，的确都是电话行业所需要的。同时，贝尔实验室的科学家研发出的所有技术，都可以在电话系统中得到广泛应用。在晶体管（可能是贝尔实验室最伟大的科学成就）问世后，情况发生了根本性的转变。电话公司本身的确采用了大量的晶体管，但是，晶体管的主要用途却是在电话系统之外。当刚刚开发出来晶体管的时候，贝尔电话公司对这种情况简直始料不及，以至于几乎将晶体管技术白白拱手相让，因为它发现晶体管在电话系统内没有多大用途，并且它也没有认识到晶体管在电话系统外有什么用途。因此，任何人只需支付区区25万美元，就可以买走贝尔实验室研制出的、最具革命性的和最有价值的新技术——晶体管。

如果不是贝尔实验室在这个问题上完全打错了算盘，人们也不会认识到它的这项成就的重要性，电话公司以外的所有现代电子公司实际上都是以晶体管为基础的。相反，有些已经彻底改变电话系统的技术（如数字交换机或玻璃纤维电缆）也并不是来源于贝尔实验室的成果。它们采用的技术与电话技术有着天壤之别。在过去三五十年里，这种事情屡见不鲜，而且在每一个行业都有发生。

与19世纪的技术不同，现在的技术不再是独立的，而是彼此相互联系，形成了一种你中有我、我中有你的局面。某种业内人士几乎没有听说过的技术（如医药行业的人从没有听说过遗传学，更不用说医疗电子学了）却给这个行业及其技术带来了根本性的变革。通常，这种外来的技术会迫使整个行业不断学习、获取、适应和更新观念，更不用说掌握本行业的技术知识了。

最终用户是一成不变的。这个假设对在19世纪及20世纪初崛起的行业和公司来说发挥了同样重要的作用。对某种最终用途来说，例如将啤酒放入容器中，各种各样的容器供应商展开了激烈的竞争，但直到不久前，玻璃容器行业才一统天下，而玻璃瓶几乎就是啤酒的唯一容器。

不仅企业、各行业以及消费者都已经接受了这个显而易见的假设，而且政府也对此表示认可。美国的企业法就是以这样的假设为基础建立的，每一个行业都有一种独特的技术与之相对应，每一个行业的最终用途都有一种特定且独特的产品或服务，这些假设也是制定反托拉斯法的基础。到目前为止，反托拉斯法仍旧关注玻璃瓶对啤酒容器市场的垄断，但几乎没有注意到这样一个事实，即越来越多的啤酒是放在易拉罐里，而不是放在玻璃瓶里的（或者，反之亦然，反托拉斯法只关注金属啤酒容器的集中供应问题，丝毫没有注意到存放啤酒的容器不仅仅仍旧是玻璃瓶，而且越来越多地使用塑料瓶）。

但是，自从第二次世界大战起，最终用途不再只与某一种产品或服务一一对应。塑料产品理所当然地成了第一个打破常规的。然而，如今我们清楚地认识到，这不只是一种材料要挤进另一种材料的"势力范围"，我们逐渐可以采用各种不同的方法来满足同一种需求，社会只有独一无二的需求，而没有独一无二的满足需求的方式。

在第二次世界大战初期，新闻媒体基本上都被报纸所垄断，而报纸这项在18世纪的发明，在20世纪初期得到了迅猛发展。现在，新闻报道的方式日益多样化，而且相互之间存在激烈的竞争，这些方式不外乎：仍旧采用印刷方式发行的报纸、越来越多地采用互联网提供在线版本的报纸、广播、电视、只采用电子技术手段提供分类新闻的新闻机构（越来越多地提供经济和商业新闻），等等。

此外，信息已经成为最新的"基础资源"，与所有其他商品有着天壤之别，它不符合资源稀缺性定理，与之相反，它符合资源充裕性定理。例如，如果我卖了一本书，那么我就不再拥有这本书；如果我将信息透露出去，那么我仍旧拥有信息这一资源。实际上，拥有信息的人越多，信息体现的价值就越大。虽然我们清楚地认识到，信息将迫使我们从根本上修改基本经济理论，其在经济学上的意义却远远超出了本书的研究范围。但对管理学而言，它的意义却远不止于此。我们不得不逐渐修改基本假设，信息不是任何行业或任何企业的附属品。信息的最终用途也并非单一的，任何最终用途也不能要求某种特定的信息与之相对应，或者依赖于某一种特定的信息。

由此可见，管理学界现在必须从这样的假设入手，即没有一种技术是任何行业的附属品；反之，在任何行业中所有技术都能够实际上也很有可能发挥重大作用，并对这些行业产生深刻影响。同样，管理学界也必须以这样的假设为出发点：任何产品或服务的最终用途都不是一成不变的，任何最终用途都不是任何产品或服务所特有的。

这个假设也表明，无论是在企业、大学中还是在医院中，非客户（noncustomer，即潜在客户）或没有成为客户的人群尽管没有客户那么重要，但他们越来越体现出与客户一样的重要性。

规模最大的企业（政府垄断企业除外）的非客户数量甚至超过了它的实际客户数量。企业的市场占有率很少能够超过30%，也就是说大多数企业的非客户数量至少占潜在市场的70%。但与之不相匹配的是，对非客户有一星半点了解的企业非常少，知道他们存在的企业就更少了，更不用说了解他们是谁了，知道他们为什么没有成为客户的企业更是少之又少。然而，不容忽视的是：非客户始终都是变革的原动力。

上述假设还提供另外一条重要信息，即企业的产品或服务不再是管理层的出发点，甚至也不是产品或服务的已知市场和最终用途，出发点应该落在客户认定的有价值方面。出发点应该是这样的假设，即供应商没有提供的，就是客户需要的。所有经验告诉我们，这个假设经得起实践的检验，客户认为有价值的始终都与供应商认为有价值的或认为具有优质品质的商品存在相当大的出入。这个假设不仅适用于企业，同样适用于大学或医院。

换句话说，管理将越来越需要以这样的假设为基础，即技术和最终用途都不是管理政策赖以存在的基础。它们都存在一定的局限性。在可支配收入的分配上，客户的价值观和决策才应该是管理政策的基础。因此，这些基础已经逐渐成为制定管理政策和战略的出发点。

## 由法律界定管理的范围

不论是在理论上，还是在实践上，管理研究的对象都是法律上承认的实体，即独立的企业，包括商业企业、医院和大学等。因此，管理的范围是由法律决定的。过去是这样，现在它仍旧是一个准确无误的假设。

这个假设是基于命令与控制的传统管理概念提出来的，命令与控制实际上是由法律决定的。企业的CEO、天主教的主教和医院的院长拥有的命令与控制权都没有超出法律对这些机构的约束范围。

威廉·C.杜兰特是世界汽车发展史上的一位传奇式的人物。杜兰特于1861年出生于美国马萨诸塞州波士顿市。当他认识到汽车的发展前景时，果断地利用自己手中掌握的巨额资金，创建了今天享誉全球的通用汽车公司。

差不多100年以前，人们才第一次清楚地认识到，法律在定义管理大企业的问题上还存在很大的缺陷。人们通常认为日本人发明了"企业联盟"这个管理概念，即企业的供应商与它们的主要客户（如丰田汽车公司）在企业规划、产品开发和成本控制等方面构成一个有机的整体，但实际上企业联盟的历史更为悠久，它其实是由美国人发明创造的，它的历史可以追溯到1910年前后。当时，威廉·C.杜兰特是第一个认识到汽车制造业有潜力成为主流产业的人。杜兰特当时并购了别克（Buck）等汽车制造企业，这些企业规模虽小，但经营得有声有色。他将这些小公司合并成一个规模较大的汽车制造公司，即后来的通用汽车公司。

几年后，他认识到他的公司里还需要纳入主要供应商，于是开始接二连三地兼并零部件制造企业，扩大公司的产业链。1920年通用汽车公司最后并购的是费舍尔车身制造公司，当时费舍尔公司是美国最大的汽车车身制造企业。此项并购完成之后，在通用汽车公司生产的汽车中，有70%的零部件都是由其下属的制造企业生产的，该公司也因此成为当时世界上集成度最高的大企业。通用汽车公司正是得益于企业联盟的优势，而在成本和生产速度上拥有绝对的优势，并在短短的几年内成为世界上规模最大和利润最高的汽车制造企业，同时在美国竞争异常激烈的汽车市场上打遍天下无敌手，统领着整个汽车市场。事实上，通用汽车公司的成本比其所有竞争对手的成本低了将近30%，这些竞争对手包括福特汽车公司和克莱斯勒汽车公司，这种状况一直维持了30多年。

但是，杜兰特的企业联盟概念仍旧以"管理就是命令与控制"为基础，杜兰特就是基于这个理念购入各种各样的零部件企业，构成通用汽车公司的企业联盟，而正是这种庞大的结构最后成为影响通用汽车公司发展的最大包袱。杜兰特制订了详细的计划，确保通用汽车公司下属的零部件供应商具有较强的竞争力。每一个零部件供应商（除费舍尔车身制造公司外）必须有50%的产品外销，即卖给与通用汽车公司竞争的其他汽车制造企业，从而保持它们在成本和质量上的竞争优势。但是在第二次世界大战后，这些在汽车市场上竞争的汽车制造企业却销声匿迹了，而衡量通用汽车公司下属零部件制造企业竞争力的标准也不复存在了。此外，在1936—1937年间，随着工会组织在汽车行业中的出现，通用汽车公司的零部件生产部门被迫承担汽车装配企业的高额劳动力成本，它们不再具有成本优势，而且时至今日，它们也无法克服这一企业弊病。"管理就是命令与控制"的假设是杜兰特的企业联盟赖以生存的基础，同时在很大程度上也揭示了通用汽车公司在过去25年逐渐走上下坡路和无法扭转颓势的症结所在。

20世纪二三十年代，在通用汽车公司之后崛起的西尔斯罗巴克企业联盟的缔造者，也清楚地认识到这个问题。当西尔斯已经成为美国最大的零售商（特别是在家用器具和五金器具方面）的时候，它们也认识到有必要将主要供应商融入一个集团，在整个经济链中实现统一规划、统一产品开发和设计，并实行统一的成本控制。西尔斯没有采取买入这些供应商的做法，而是买入少数股权，从而以承诺代替投资，用合同维系关系。英国的马莎百货是在西尔斯之后出现的企业联盟，它或许是迄今为止最成功的企业联盟（甚至比日本的企业联盟更成功）。从 20 世纪 30 年代初开始，几乎所有向马莎百货供货的企业都被纳入它自己的管理系统中，使它成为一个有机的整体，而用于维系它们之间关系的不是靠控股权或对所有权的控制，而只是一纸合同。在此之后不久，日本人于 20 世纪 60 年代开始有意识地复制、模仿了马莎百货的企业联盟模式。

在每一个经典案例中，从通用汽车开始，企业联盟（许多企业构成一个有机的管理系统，与这些小企业的关系是靠经济利益维系的，而不是靠法律上的控制与被控制关系维系的）获取的成本优势至少在 25%，而且有的经常能够达到 30%。企业联盟在本行业内和在市场上都具有绝对的支配地位。

但是，因为企业联盟仍然是以权力为基础，所以表现得并不够完美。无论是通用汽车公司、杜兰特在 1915—1920 年之间并购的独立的小型零部件制造企业，还是西尔斯罗巴克、马莎百货或丰田汽车公司，它们的核心企业在经济上都拥有至高无上的权力。企业联盟的基础不是平等的合作关系，而是供应商的依附关系。

随着社会的发展，经济链中越来越多地出现了真正的合作伙伴，它们之间拥有平等的权利，真正具有独立性，比如，医药公司与大学的生物系之间的合作关系，第二次世界大战后美国公司到日本开办的合资企业，今天的化学公司、医药公司与遗传学、分子生物学或医疗电子学公司结成的合作关系。

虽然这些拥有最新技术的公司规模非常小，而且大多资金短缺，但它们拥有独立的技术。因此，在技术上，它们是拥有绝对谈判资本的合作伙伴，它们比规模较大的医药公司或化学公司更具有选择合作伙伴的自主权，同样的道理在很大程度上也适用于信息技术和金融业。传统的企业联盟或命令与控制型企业，已不再适用。

因此，我们需要重新审视和划定管理的范围，管理应当包括对整个流程的管理。对企业而言，在很大程度上是指产供销的整个过程。

无论是在理论上，还是在实践上，管理日益需要以新的假设为存在的基础，即管理的范围不是由法律决定的。

新的假设应该具有可操作性，管理应该包含整个流程，应该关注整个经济链的效益和绩效。

## 由政治决定管理的范围

不仅在管理学界，而且在管理的实践中，也仍然普遍持有这种观点："按国家疆界划分的国内经济是企业赖以生存的生态环境，包括商业企业和非营利机构。"大部分人仍旧认为这是理所当然的事情。

这个假设奠定了传统意义上的"跨国公司"产生的基础。

众所周知，跨国公司生产的商品和提供的金融服务，在世界总的份额中占有相当大的比重，不仅在第一次世界大战前是如此，而且现在仍旧是这样的。在1913年，在任何行业（无论是制造业，还是金融服务业）居于主导地位的公司在国外的销售额都不比在国内的销售额少。但是，当这些公司的生产活动发生在自己国家的疆界以外时，也可以说发生在另一个国家的疆界内。

下面就是一个典型的例子。在第一次世界大战期间，都灵（意大利西北部城市）的菲亚特公司（Fiat）是向意大利军队提供战争物资的最大供应商，企业产生的历史虽不长，但发展速度之快出人意料。意大利军队使用的所有汽车和卡车都是由它提供的。同一时期，位于维也纳（奥地利的首都）的菲亚特公司是向奥匈帝国提供战争物资的最大供应商。

奥匈帝国使用的所有汽车和卡车都是由它供应的。由于奥地利和匈牙利的市场总额比意大利大，而且人口数量也多，经济更发达，特别是在西部地区，因此菲亚特奥地利公司的规模是母公司的两三倍。菲亚特奥地利公司是菲亚特意大利公司的全资子公司，但除了由意大利提供设计外，菲亚特奥地利公司在其他方面可以说是一个完全独立的公司。它的一切物资要么是在奥地利生产的，要么是在奥地利购买的，生产的所有产品都内销，包括CEO在内的所有雇员都是奥地利人。

当第一次世界大战爆发时，奥地利和意大利反目成仇，成了敌对双方。因此奥地利人只能变更菲亚特奥地利公司的银行账户，但企业的一切日常经营照旧。但是现在，即使是汽车行业或金融服务业等传统行业，也不再采取上述组织方式。

在第二次世界大战后，虽然通用汽车公司和安联公司仍旧按"国内"和"国际"部门组织企业，但是医药或信息等行业的企业越来越多地放弃这种管理方式，而以整个世界为一个市场体系，按照"跨国"的原则组织各项经营活动，包括研究、设计、工程、开发、测试以及越来越多的制造业务和市场营销业务。

某大型制药公司分别在7个不同国家设有7个实验室，它们各有各的侧重点（如抗生素），但都同属于一个"研究部门"，都受命于总部的同一个研究主管。该公司在11个国家设有制造工厂，每个工厂都高度专业化，都只生产一两类产品，都面向全世界销售。该公司设有一名医药主管，负责从这11个国家中选择五六个国家测试新药。

但是，外汇风险的控制完全集中在一个地方，并对整个系统负责。在传统的跨国公司中，经济现实就是政治现实。按今天的话说，国家是"企业单位"。而在今天的跨国公司以及越来越多的被迫转型的老牌跨国公司中，国家只是一个"成本中心"。它不是组织单位、企业单位、战略单位和生产单位，而是一个错综复杂的综合体。

　　管理范围和国家的疆界不再重叠。虽然管理的范围不再由政治决定，但国家疆界仍旧是重要的。因此，最新的假设应该是：

　　国家疆界主要作为约束机制发挥着重要的作用，但是对企业来说，决定管理实践的不是政治，而是经营方式。

# 后记：德鲁克管理思维给我们的启示

长期采访德鲁克的英国《金融时报》记者西蒙·伦敦在《伟大老人的激情性理论：彼得·德鲁克祭》一文中写道："他不愿参与学术界的游戏。他拒绝在晦涩难懂的期刊上发表文章、不用冗余的数学填充论文。同时，由于理解管理学需要广博的知识，他也不愿限制自己的视野。"德鲁克所看重的是管理实践，这才是管理学的灵魂与生命力所在。

德鲁克的管理思想说明，管理学著作不是管理学家的说辞和抽象的论证。管理学家的说辞和抽象的论证有时候也会产生楚楚动人的效果，但往往是将日常生活经验进行有限的歪曲性解释，将感性材料变成狭义管理学概念的佐料，并且试图用科学主义与人本主义的二元对立，以及系统理论、权变思想等二元互补的思维方式和价值判断来取代管理实践者乃至人类的道德、真理与价值标准。

而真正的管理学著作恰恰相反，它们通过对组织及其管理世界的感性经验及其符号体系的重新审视，不但要揭开那些遮蔽感性经验的虚伪幕帐，恢复人们对管理实践者经验的价值感知，而且要恢复感性经验的原始活力，从而唤起管理者对行动自由的渴望，也就是将人们从抽象的理论空间拉回管理领域。综上所述，德鲁克的管理思维给我们很多启示，总结起来，有这样几点。

### 一、有效决策

德鲁克告诉我们,决策前要注意听取不同意见,尤其是反对意见,才能做到有效决策。我所在的金融企业内有近5000名职工、390处营业机构,作为一名机关中层干部,在管理实践中,我深刻认识到,加强调研,了解基层,有效决策十分必要。如果不掌握一线工作情况,不了解基层,就无法做到有的放矢,工作效果往往事倍功半。反之,如果加强调研,充分听取各方面意见,尤其是反对意见,则能够正确理解事情的本来面目,做的决策、下的文件、部署的工作有针对性,就可能把上级的文件与当地实际紧密结合起来,工作效果会事半功倍。在科室会议上,我喜欢让别人先提出自己的意见和观点,鼓励其他人发表不同意见,兼听则明,不怕讲错,就怕不讲。

德鲁克认为,有效决策要在认真听取多方面意见的基础上,明确决策的目的,辨明问题的性质,界定清楚,然后做出正确决策。决策者本人对于决策的事项必须有主见,有辨别正确观点的能力,不能左右摇摆。如果没有自己的观点,人云亦云,往往无法有效决策,错过良机,失去发展的机会,给事业增添败笔。作为中层干部,要多向上级请示、汇报工作,汇报工作时,要在充分调研的基础上,向上级提交两个以上的解决方案,并说明自己倾向的方案,有利于领导决策。

### 二、管理自己、管理时间

在其他西方管理学家都在讲管理他人的时候,只有德鲁克一人提出了管理自我,并进一步提出了只有管好自己才能管好一切。管理并不只是管理别人,最重要的是管理自己。因为自我管理是管理一切的基础,只有管理好了自己才能管理好别人。作为管理人员,要求别人做到的，自己首先要做到。我们要常怀敬畏之心、感恩之心、律己之心，在生活、工作方面多严格要求自己，做廉洁自律的表率，要干事，还要干净。要鼓励下级立足本职岗位奋发有为、改革创新，积极学习，倡导员工做四能干部，即"能想、能干、能说、能写"。

德鲁克认为，时间对一个人来说是最稀缺的资源。我们可以雇到人才，只有时间，是我们租不到、借不到，也买不到的。有效的管理者与其他人最大的区别，就是他们非常珍惜自己的时间。管理时间是德鲁克管理学中的精髓之一。在管理实践中，我们要抓大事、抓难事、抓关键环节。我读MBA时一位同学说过，一个单位样样争先是不可能的或很难做到的，要选择一个工作突破点，集中时间、集中精力抓，然后以点带面，才能做出亮点。

### 三、用人之长

德鲁克认为，一个有效的管理者，不会把时间浪费在自己做不了的事上，更不会把大把时间用在对付自己的短处上，他们善于把握有利的形势，做自己最擅长的事。一个高水平的管理者往往是用人的高手。历史上，刘邦曾自我评论说：论运筹帷幄、决胜千里之外不如张良，论镇守国家、安抚百姓不如萧何，论战无不胜、攻无不克不如韩信，之所以他能打败能力超强的项羽创立汉朝，主要在于善于用人。在管理实践中，我们要善用人才、求贤若渴。作为一名管理者最重要的是识人、用人，在使用人才上不能求全责备，要看人的长处，用人之长。一个管理者水平的高低可以通过用人的能力来衡量，如果一个管理者善于调动人的积极性，将有限的人力资源整合在一起形成合力和战斗力，他就是一个优秀的管理者。反之，如果一个管理者不能调动下属的积极性，对人才求全责备，不善于培养人、尊重人、使用人，就不是一个优秀的管理者。要"让平凡的人做出不平凡的事"，要注重调动下属的工作积极性，不要说下级能力不行。相反，要鼓励员工，用二流人才，做一流业绩。

### 四、重视贡献

在德鲁克看来，一个人如果只知道埋头苦干，如果老是强调自己的职权，那不论其职位有多高，也只能算是别人的下属。反过来说，一个重视贡献的人，即使他位卑职小，也应该算是高层管理人员。一个出色的管理者要围绕企业核心利益，重视自己的贡献，重视员工的贡献。要完善绩效考核体系，让有贡献的员工"政治上红起来、地位上高起来、经济上富起来"，充分调动一线人员的工作积极性。衡量一个员工是否优秀，关键是看他能干成多少事。

### 五、着眼未来

德鲁克认为一名优秀的管理者必须有前瞻性。一个企业、一个人重要的是未来，我们反思过去、总结过去的目的是成就未来，赢得未来。每一名管理者都要对未来有一定的预见性。德鲁克之所以被人们推崇，很重要的原因之一是他对未来具有特别敏锐的预见性和前瞻性。联想集团 2005 年收购了 IBM 公司的个人电脑业务，由此在美国引起了一阵风波，但德鲁克在 1994 年对此就有预见，他当时认为 IBM 公司同时开发小型机和个人电脑两个市场很难取得成功，因为小型机市场和个人电脑市场具有完全不同的客户群，而 IBM 公司的优势在于小型机市场，IBM 公司应专注于小型机市场，增强竞争力，对于个人电脑业务则应放弃。他的预言在 10 年后成为现实，由此可见德鲁克的预见性。我们对未来要充满信心，面对工作中存在的困难和问题，要始终积极乐观。困难只是暂时的，现在的困难只是发展历程和个人成长中必然经历的一部分，只要我们坚定信心，下大气力解决问题，就可以把坏事变成好事，早一天把被动转化为主动。我们要把困难当机遇，在解决困难中成长、在解决困难中增长自己的才干。

管理实践是德鲁克管理思想的"标志"。可以这样说，就像科学管理之于弗雷德里克·温斯洛·泰罗、科层制之于马克斯·韦伯、决策之于赫伯特·西蒙、战略之于迈克尔·E.波特、市场营销之于菲利普·科特勒，管理实践是德鲁克作为管理学家的灵异之物，同时也是打开德鲁克管理思想库的钥匙，是他心灵深处的源泉。建立在管理实践基础上的德鲁克管理思想，其灵魂就是管理学家的实践责任感或投身于管理实践的热情。

**六、重视实践**

管理学是一门实践性极强的应用科学，它注重将管理知识应用于实践，并能解决具体的管理问题。同时，管理学又是一门经验科学，它是人类实践经验的结晶，也必须能够经受经验的检验。

德鲁克深信，任何一种知识，只有当它能够应用于实践，并改变人们的生活时，这种知识才会有价值。早在1950年，德鲁克就在《哈佛商业评论》上发表了题为《管理学必须实践管理》的论文。

在德鲁克看来，管理学著作的产生，与管理学家的实践责任感或介入管理实践活动的热情密切相关。让管理更科学、更有人性、更有实践性、更有时代特征的目标，不可能在一种特殊"自我阉割"形式的抽象理论空间中实现，只有在与他人的关系中、在管理实践空间中才可能实现。德鲁克强调，不管是政府、大学、公司、工会还是教会的决策者，都必须将"已经发生的未来"纳入当前的决策酝酿之中。为了做到这一点，对于那些已经发生但和他们当前的设想不吻合的事件，他们必须做到胸有成竹，因为正是这些事件造就了新的现实。

德鲁克的管理理论隐含这样一个事实：主流范式的管理学家丧失管理实践热情的结果，就是导致管理实践空间的萎缩甚至丧失，实质上就是管理学家敏锐思维和对现实问题的理论敏感性的丧失，最终将可能成为管理学家人性丧失、思维枯竭和才智萎缩的先兆。这种丧失会伴随着一种非常可怕的管理学家的机能萎缩甚至丧失，最终将导致管理学家失去生存能力，失去作为理论家应有的价值。一般来说，这样的萎缩和丧失是从丧失实践常识开始的，接着就是激情、趣味、思维方式和价值判断力的丧失。德鲁克写道："理性主义自由派……总是知道什么是正确和心地善良，但就是没有办法实现这些理想。因为他们不能为权力而妥协，又不能放手争取……笔下义正词严，而政治上却又软弱无能。"但是，更可怕的现象是管理学家的管理实践领域日趋萎缩，从而导致对管理实践的激情和兴趣的丧失、商谈对话能力的丧失、经验感受能力的丧失、理论分析机能的萎缩甚至丧失。这种机能一旦坏死，管理学家就可能会成为自大狂或谎言家。而这正是管理学中各种谎言和伪科学大行其道的根源。于是，我们就更加迫切地需要将行动自由、思想自由与实践经验联系在一起的管理学著作。

德鲁克的管理学著作，甚至可以说他的整个写作生涯，都可以看作对主流范式管理学家因丧失管理实践而导致商谈对话能力、经验感受能力丧失这一可怕现象的回应。在德鲁克看来，理论世界与现实世界是没有区别的。经理人对效率和人性的追求是与他们的生命意识联系在一起的。但实践知识具有一定的内隐性，对大多数管理学家来说，这种内隐性就变成了一种神秘性，因而很难与经理人进行对话。

一方面，德鲁克是以管理学家的主体身份涉足实践领域的，但可贵的是他能够很好地深入经理人生活的核心，准确地表达经理人所要表达的意思。

另一方面，他固有的管理学家身份又使他能够与其他管理学家进行顺畅的沟通，从而避免了经理人自说自话的情形。德鲁克能以他者的身份进入经理人的实践世界，却又能够摆脱他者眼光的局限性。德鲁克的实践性管理理论可以说是成功对话的典范。